你一定要学的时间管理书

大冰 编著

北京大学出版社
PEKING UNIVERSITY PRESS

内容简介

本书将带领你走入时间管理的奇妙世界，告诉你为什么要管理自己的时间，以及如何有效管理时间，并一步步指导你进行实践。本书共分为四篇十章内容，第一篇为入门篇，告诉读者应当怎样对待时间，以及时间管理的意义和误区等；第二篇为实战篇，向读者介绍了几种经典的时间管理方法，并引导读者将其投入实际应用；第三篇为精进篇，从各个方面帮助读者提高时间管理的实际应用能力；第四篇为效率篇，提供了一些提高效率的技巧和工具，用以辅助时间管理。

当你体会到时间的意义，掌握了时间管理的方法和技巧，在工作中你将获得高效，踏上自律之路！

图书在版编目(CIP)数据

你一定要学的时间管理书 / 大冰编著. — 北京：北京大学出版社，2019.5
ISBN 978-7-301-30408-2

Ⅰ.①你… Ⅱ.①大… Ⅲ.①时间–管理–通俗读物 Ⅳ.①C935-49

中国版本图书馆CIP数据核字(2019)第046156号

书 名	你一定要学的时间管理书
	NI YIDING YAO XUE DE SHIJIAN GUANLI SHU
著作责任者	大　冰　编著
责任编辑	吴晓月　刘沈君
标准书号	ISBN 978-7-301-30408-2
出版发行	北京大学出版社
地　　址	北京市海淀区成府路205号　100871
网　　址	http://www.pup.cn　新浪微博：@北京大学出版社
电子信箱	pup7@pup.cn
电　　话	邮购部 010-62752015　发行部 010-62750672　编辑部 010-62570390
印 刷 者	天津图文方嘉印刷有限公司
经 销 者	新华书店
	880毫米×1230毫米　32开本　9.75印张　251千字
	2019年5月第1版　2021年9月第4次印刷
印　　数	8001–10000册
定　　价	49.00 元

未经许可，不得以任何方式复制或抄袭本书之部分或全部内容。
版权所有，侵权必究
举报电话：010-62752024　电子信箱：fd@pup.pku.edu.cn
图书如有印装质量问题，请与出版部联系。电话：010-62756370

一个连自己的时间都无法把握的人,是难以掌控人生的其他方面的。

在这个世界上,我们找不到任何东西比时间还要公平了,无论是贫穷还是富有,一天给我们的时间永远只有24个小时。那么,为什么有的人能用这短短的24个小时按计划完成工作,并且在工作之余还能用心生活,而有的人却整天埋怨自己很忙,工作把自己的私人时间都占满了,他们感受到的不是完成工作时的满足感,而是压抑、后悔呢?

时间是公平的,但时间管理会使我们的生活截然不同。在当今社会,随着经济的快速发展,我们的生活节奏也像上了高速公路般飞快,因此我们更加需要合理规划、管理自己的时间。否则,下班的时候我们就会发现,重要的工作自己一件都没完成,当天的全部工作时间就用来处理了一些"鸡毛蒜皮"的小事,并且深陷时间黑洞,工作没怎么做,倒是在社交网上发布了很多消息。

时间管理是让我们变得自律、变得更优秀的利器。我们必须以正确的态度对待时间,与时间成为朋友。在工作时和时间一起努力,在休息时和时间一起进步,珍惜每一分每一秒。时间管理需要正确的方法,本书将介绍很多时间管理方法供大家尝试,适合自己的就是最好的。时间管理并不只是管理时间,而是要在正确利用自己时间的同时对自己的各方面进行管理，使自己养成好习惯，成为一个更优秀的人。

时间管理有时是一种神奇的工具，帮助我们不再拖延，让我们按时完成工作；有时是一种强大的力量，在我们不能坚持的时候，推动我们不断向目标靠近；有时是我们最亲密的朋友，抚慰我们工作后劳累的心灵和躯体……

本书将为你开启时间管理的大门。入门篇帮你树立正确的时间观，避免你走入时间管理的误区；实战篇提供几种经典的时间管理方法，供你选择最适合自己的方法；精进篇助你管理精力，提高专注力和行动力，养成良好的习惯，向高效再迈进一步；效率篇的技巧与工具让你轻松实践时间管理……

一旦学会了时间管理，你会为自己巨大的改变而惊叹！

除了本书外，读者还可以免费获取以下相关学习资料。

1. 赠送：《微信高手技巧随身查》《QQ高手技巧随身查》《手机办公10招就够》三本电子书，教你移动办公技能和应用诀窍。

2. 赠送：《10招精通超级时间整理术》视频教程，专家传授10招时间整理术，教你如何有效整理时间、高效利用时间。

温馨提示：以上资源，请扫描下方二维码关注微信公众号，输入代码 hT19sjgL，获取下载地址及密码。

资料下载

微信公众号

最后，感谢胡子平老师的精心策划与指导，在本书的写作过程中，他给予了我极大的鼓舞和创作指导。书中难免有疏漏和不妥之处，敬请广大读者不吝指正。

目录

第一篇 ▶ 入门篇

第一章 我们怎样对待时间，时间就会怎样"回报"我们 02

第一节 为什么我们的时间总是不够用 04
　一、你的时间浪费了吗？检测你的时间观 04
　二、时间管理的"快"与"慢" 08
　三、时间黑洞有多可怕 10

第二节 我们和高效人士的差距在哪里 13
　一、以正确的态度对待时间 13
　二、把时间花在值得做的事情上 16

第三节 通过时间管理，我们可以获得什么 18
　一、掌握时间的主动权 18
　二、管理时间才能获得更多的时间 19

第四节 当心！别走进时间管理的误区 21
　误区一：时间管理就是平均分配时间 21
　误区二：尽可能利用更多的时间就是有效地管理时间 24
　误区三：时间管理一定要完美才行 25

| 回顾测试 | 为什么我们需要时间管理 .... 27 |

第二篇　实战篇

第二章　超实用的"要事优先"法则 30

第一节　无处不在的帕累托法则 32
一、80/20 定律的奥妙 32
二、用四象限原则找到重要的 80% 33

第二节　"吞青蛙"帮你治好拖延症 36
一、"青蛙"是什么 36
二、"吃"掉那只"青蛙" 39

第三节　先解决重要的事 41
一、六点优先原则，确定任务的优先级 41
二、将小事集中起来处理 46

第三章　神奇的番茄工作法 48

第一节　助跑：三分钟了解番茄工作法 50
一、番茄工作法的基本原则 50
二、什么样的人需要番茄工作法 52
三、工作中如何正确运用番茄工作法 53
四、活动清单与今日计划 56

第二节　坚持：中断了也千万别慌张 59
一、内部中断与外部中断 60
二、保护番茄时钟大作战 61

第三节　将番茄工作法融入工作日中 63
　　一、用番茄工作法抵挡时间黑洞 63
　　二、工作日不再是"加班日" 68

第四章　单核工作法：治愈你的拖延症 70

第一节　起航：五分钟了解单核工作法 72
　　一、单核工作法的五大原理 72
　　二、你适合单核工作法吗？ 75
　　三、全景闹钟与全景时段 77

第二节　加速：削减任务，用精简制胜 79
　　一、简化任务清单，小身材才有大力量 79
　　二、精简主义者的制胜法宝 80

第三节　和拖延症说再见 82
　　一、"拖延星人"的征兆 82
　　二、内在动力与外在条件 83
　　三、规划过度也是拖延 85

回顾测试　时间管理的方法，你了解了吗？ 87

第三篇　精进篇

第五章　没有精力无以成大器 90

第一节　寻找目标：从确立到实现 92
　　一、确立目标 92
　　二、用目标分解抓住重点 95

三、实现目标 98

第二节　管理好精力，让时间更有价值 101
　　　一、好的精力造就好的效率 102
　　　二、让你的效率觉醒 104
　　　三、排除干扰，打造高效环境 107

第三节　学会平衡工作和生活 109
　　　一、会忙的人，也会休息 109
　　　二、如何调节状态，快速恢复精力 110
　　　三、正确对待"加班人生" 112
　　　四、生活价值与个人爱好很重要 114

第四节　把时间专注于当下 116
　　　一、学会时间投资与时间评估 116
　　　二、找到自己的目标，在合适的时间做合适的事 120

第六章　专注力与行动力，开启你的倍速人生 122

第一节　寻找专注的焦点 124
　　　一、专注于至关重要的20% 124
　　　二、改善你的时间模式 128

第二节　克服专注障碍 131
　　　一、在碎片化时代保持专注 131
　　　二、成功应对最后期限与多项任务 136
　　　三、通过专注实现目标的途径和方法 139

第三节　行动才是时间管理的真正起点 142
　　　一、缺失行动力，将一事无成 142

二、最有效的是立即行动 144

第四节　成为一个拥有行动力的人 147
　　一、职场人际沟通术帮你提升行动力 147
　　二、聪明人才会的团队合作技巧 151
　　三、获取有效信息，才能更好地行动 153

第七章　培养好习惯，使高效来得毫不费力 156

第一节　自律的人生更自由 158
　　一、坚持自律，你的人生会大不一样 158
　　二、开启自律人生的捷径 162

第二节　既然开始了，就要全力以赴 165
　　一、尽力去开始，然后全力以赴 166
　　二、第一次就用心做成功 168

第三节　好习惯让你获得更多主动权 173
　　一、哪些好习惯会让你终身受益 174
　　二、拥有仪式感的人生更轻松 176
　　三、养成好习惯，收获高效 178

第四节　好的工作习惯是成功的一半 180
　　一、文件管理的"存"和"取" 180
　　二、养成做工作笔记的好习惯 184
　　三、做好工作日志很重要 187
　　四、核对与备份 189

第八章　怎样对待一天，等于怎样度过一生 192

第一节　早起是改变自己的第一步 194

一、做精力充沛的"早起鸟" 194
二、早起大作战 197
三、如何充分利用早间时光 200

第二节 晚间时间争夺战 203
一、重要的不是加班，而是效率 203
二、晚上是自我提升的最佳时段 205
三、治疗"晚睡强迫症" 209

第三节 关于工作之余的 8 小时，我们应该这样安排 214
一、发现人生的更多可能性 214
二、工作之余的时间也不能掉以轻心 217
三、成为一个好的学习者 218

回顾测试 如何使时间管理更有成效？............ 221

第四篇　效率篇

第九章　高效人士都知道的整理术 224

第一节 高效的一天从整洁的办公环境开始 226
一、换个视角看看你的办公室 226
二、创造高效的办公环境 228
三、15 分钟快速整理术 234

第二节 使电子邮件成为快捷助手 235
一、不要让电子邮件成为黑洞 235
二、电子邮件与蜗牛邮件 237
三、邮件太多怎么办 238

第三节　晨间日记的奥妙 239
　　一、开启一天的美丽心情 239
　　二、创建晨间日记 240

第四节　为什么精英都是清单控 243
　　一、清单使你不再害怕成为"工作狂" 243
　　二、如何制作属于你的工作清单 246
　　三、生活社交清单同样重要 249

第十章　高效人士都在用的效率管理工具 252

第一节　时间管理工具 254
　　一、PC 端：番茄土豆 / doit.im 254
　　二、移动端：Forest/ 番茄 ToDo/ 潮汐 261

第二节　日常习惯与事务处理工具 270
　　一、PC 端：便笺附件 / 日历 / 印象笔记 / 滴答清单 270
　　二、移动端：种子习惯 / 奇妙清单 /Pendo 笔记 /
　　　　倒数日 277

第三节　思维管理与学习力工具 289
　　一、PC 端：XMind/ 幕布 289
　　二、移动端：喜马拉雅 / 网易云课堂 296

回顾测试　做一个高效人士需要的必备技能 299

参考文献 300

入门篇

第一篇

你常常会感觉自己明明没做什么,可是时间就是不知去了哪里吗?如果会,那么这一切可能是由于你没有合理地管理自己的时间、缺少掌控自己时间的能力。

想要了解时间管理,就从本篇学习"时间管理是什么",以及"我们为什么需要时间管理"开始吧。

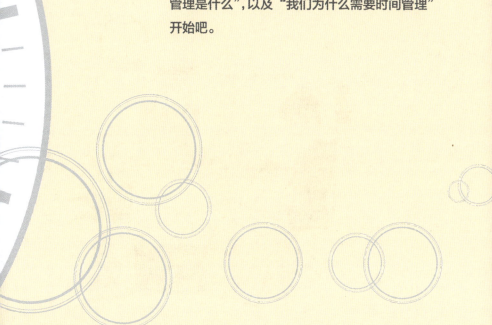

第一章 我们怎样对待时间，时间就会怎样"回报"我们

时间对每个人来说都是公平的，一天都是24个小时，可是怎样利用这24个小时往往取决于我们自己。

想要成为职场中的高效达人，想要拥有更多可以供自己支配的时间，想要平衡自己的工作和生活，这一切都需要时间管理才能办到。

在我们迫切希望得到更多之前，应该先来审视一下自己：我是怎样对待时间的？我的时间为什么总是不够用？希望从这一章中你能找到答案。

为什么加班的人总是你

带着以下疑问阅读本章

- ❖ 什么是时间管理？
- ❖ 你的时间观念正确吗？
- ❖ 时间黑洞是什么？
- ❖ 你和高效人士对待时间的差别在哪里？
- ❖ 通过时间管理，你可以获得什么？

读完本章，你能收获什么

- 能够了解自己是否需要时间管理。
- 通过向高效人士学习，能够树立正确的时间管理观念。
- 能够了解并且学会避免时间管理误区。

第一节　为什么我们的时间总是不够用

对于每个人来说，时间都是有限的。"为什么我今天什么事也没做时间就过去了""为什么我的时间总是不够用""我到底在忙什么"，我们总会产生诸如此类的烦恼。那么，我们的时间到底去哪儿了呢？要发现时间的秘密，首先需要正确认识时间。

一、你的时间浪费了吗？检测你的时间观

大文豪鲁迅在提及自己为何能有如此成就时曾说："我只是把别人喝咖啡、看报纸的时间用在了学习上。"他从不浪费自己的时间，并且珍惜每一分每一秒。

在鲁迅年幼时，由于父亲患病，弟弟还年幼，他不得不成为母亲的帮手来照顾家里人。虽然时间被占用了，可是鲁迅并没有因此而放弃学业，反而精打细算地利用时间。尽管背负着巨大的负担，但是他每天都在挤时间学习、读书。他说过这样一句话："时间就像海绵里的水，只要愿挤，总还是有的。"

鲁迅通过"挤时间"来阅读各类书籍，也不放弃练习写作。对他来说，时间尤为宝贵，因为他的阅读兴趣涉猎各个方面，对他而言，时间就是生命。他告诉我们："美国人说，时间就是金钱。但我想，时间就是性命。倘若无端地空耗别人的时间，其实是无异于谋财害命的。"

鲁迅视时间如生命的态度使他能够阅读大量书籍、练习写作，最终成为中国文学史上一颗不朽的明星。

对我们而言也是如此，我们可以选择当下将时间白白浪费，也可以对时间进行有效规划，获得更多的成就。

一个人用什么样的态度对待时间，时间也将以同样的态度"对待"他。大多数人都不甘于平凡，可是又总是陷入时间的泥沼无法自拔：感

觉自己每天背负着巨大的压力投身于工作中，用了很多的时间，工作还是没有做完，依旧需要挑灯夜战；回家后躺在沙发上，玩玩手机、看看电视，时间又消失了。说好的学习计划没有完成，休息也没有到位，仍旧是身心俱疲，甚至晚上睡觉前反思自己的一天也想不出当天到底做了哪些有意义的事。

这是当今社会很多职场人士的常态，说到底，是因为我们正在浪费时间却不自知。

有的人是茫然的，即使有大把空闲时间，也只会虚度年华，自己还倍感空虚失落；有的人是急躁的，他们追求的事太多，不停歇地奔跑，焦急地渴望进步，却没有正确的规划，自己的生活变得一团糟；有的人是随意的，"三天打鱼两天晒网"，带着目标开始，却灰溜溜地结束……

其实，只要通过时间管理，在平凡中也能创造不平凡。

心理学家津巴多认为，6种时间观决定了我们是活在过去、当下还是未来。时间观念影响着每个人的全部活动，只有正确看待时间，时间才能为我们所用。

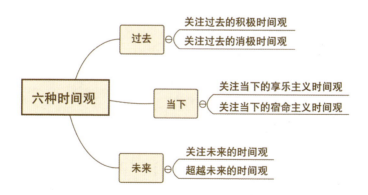

拥有"关注未来的时间观"的人，拥有远大的目标和理想，按照自己的计划一步步前进，能忍受艰苦乏味的现在。这种人能够管理自己的时间，是职场中的高效人士，往往能取得一定的成绩。

偏向"关注当下的享乐主义时间观"的人，撑起了娱乐业的巨大市场，他们沉醉于当下的现实生活，只顾片刻的享受，虽然对生活充满激情，但到头来会发现，许多该做的事情忘了做，自己没有任何实实在在的收获。

拥有"关注过去的积极时间观"的人，重视的是对过去的追忆，最喜欢的是过去的美好。

此外，还有3种时间观会对现实生活造成阻碍：有着"关注当下的宿命主义时间观"的人，觉得当下情形太过复杂，而自己的力量太过弱小，便将一切交给了命运。一些受过挫折，伤口难以愈合的人，则可能有着"关注过去的消极时间观"。他们脑海中常常闪现过去的不愉快画面，用悔恨将自己湮没。还有一些人，是因宗教或传统而形成了"超越未来的时间观"，他们认为自己死后将跳出轮回，不生不灭，或者复活在永恒的神国。

其实，最好的时间观是前3种时间观的平衡，有长远的规划，能在当下去实践，可回顾自己的成就，这样才能管理好自己的人生，走向高效。

你拥有正确的时间观吗？你能有效地管理自己的时间吗？下面来做一个小测试吧！

Q1：我在一定时间内会为自己制订相应的工作以及生活计划，并且会去执行。
☐ 总是这样　　☐ 有时这样　　☐ 从不这样
Q2：我在工作之余的时间里通常不会感到无所事事。
☐ 总是这样　　☐ 有时这样　　☐ 从不这样
Q3：我在完成工作时不容易受其他事情的干扰。
☐ 总是这样　　☐ 有时这样　　☐ 从不这样
Q4：我能有条理地开展工作及完成其他事情。
☐ 总是这样　　☐ 有时这样　　☐ 从不这样
Q5：我做事情时通常能坚持下去。

续表

| □ 总是这样 | □ 有时这样 | □ 从不这样 |

Q6：我能分清什么是当前最该做的事情，且通常不会手忙脚乱。

| □ 总是这样 | □ 有时这样 | □ 从不这样 |

Q7：我能够做到及时反思自己利用时间的情况。

| □ 总是这样 | □ 有时这样 | □ 从不这样 |

Q8：我每次工作之前都提醒自己要在尽量短的时间内完成任务并要保证一定的质量。

| □ 总是这样 | □ 有时这样 | □ 从不这样 |

Q9：我把自己的办公桌整理得井井有条，通常不会因为找东西而花费大量时间。

| □ 总是这样 | □ 有时这样 | □ 从不这样 |

Q10：当完成一项任务有困难时，我不会为自己找借口，说："明天再做吧。"

| □ 总是这样 | □ 有时这样 | □ 从不这样 |

Q11：我通常不会因为顾虑其他事情而无法集中精力来做目前该做的事。

| □ 总是这样 | □ 有时这样 | □ 从不这样 |

Q12：我不会在每天下班回家后感觉精疲力竭，却感觉没有完成计划的大部分工作。

| □ 总是这样 | □ 有时这样 | □ 从不这样 |

▼

选择【总是这样】记2分，选择【有时这样】记1分，选择【从不这样】记0分

0~8分： 你常常因为无法把握时间而处于迷茫和焦虑中，甚至患有重度拖延症。不会管理时间给你造成了很大的困扰，你需要学习正确的时间管理方法，重塑自己的时间观。

你一定要学的时间管理书

续表

9~16分： 也许你已经有心去管理自己的时间，希望能改变自己的现状，但你的时间管理方法存在一定的问题和误区，这使你逡巡不前。通过进一步学习时间管理，你的工作与生活会得到极大的改善。

17~24分： 恭喜你！你基本能管理好自己的时间，如果你还想尽最大可能向理想中的自己靠近，成为一个职场中的高效人士，那么你可以通过阅读这本书，找到自己局部的不足，或是发掘更适合自己的方法，成为时间管理达人。

二、时间管理的"快"与"慢"

帕金森第一定律表明，只要还有时间，工作就会不断扩展，直到用完所有的时间。假设完成一项工作需要4个小时，而给我们8个小时的时间，那么我们仍然需要8个小时去完成这项工作，而不是4个小时。也就是说，如果我们对时间缺乏有效的管理，时间将白白地被吞噬掉。

时间管理是指通过事先的规划并运用一定的技巧、方法与工具，实现对时间的灵活以及有效运用，从而实现我们的既定目标。时间管理要达到的目的，是要让我们的行为更高效，能在有限的时间里创造更大的价值。

时间管理所提倡的很多方法与原则，并不是让我们不顾一切地加快脚步，也并非强制性地推着我们向前移动，反而是让我们活在当下，将生命分割成更精细、更科学的时间段，该快的时候快，该慢下来时就要用心享受一切。

我们生活在现代社会，就像站在一个启动了开关的跑步机上，片刻也不能停下，必须不停地跑。快餐文化就是人们生活节奏加快的产物，是人们对名利过多追逐的产物，是人们只求其名不求其实的表现。看似时间加快了，其实获得的东西更少了。

首先，时间管理带给我们的就是适应这个"风起云涌"的社会的能力。社会正处在高效的变化和发展中，这使我们背负的压力也在无限加剧。我们想要的有很多：能及时、优质地完成计划的工作，取得丰富的经济效益，并在工作中实现自我价值；能有充足的时间和精力进行自我增值，学习更多的技能；能培养自己的兴趣爱好，丰富自己的业余生活；能多陪伴家人、爱人和朋友，有丰富美好的家庭生活和社交生活……时间管理正是要让我们更"快"地赶上自己的目标。

总有人能够每日早睡早起，早上心无旁骛地读书学习，在工作时间专心致志地完成工作，按时完成所有任务，下班后抽出时间继续学习新技能或是提高外语水平，睡觉之前回顾自己的一天，感觉每天都没有虚度光阴。

我们要通过时间管理，在工作中更"快"，创造出更多的价值。

但同时，我们在该"慢"下来的时候也要慢。

哈佛大学的李欧梵教授在他的《人文六讲》一书中写道："现代人的日常生活应该有快有慢，而不是一味地和时间竞赛。什么叫有快有慢？用音乐的说法就是节奏。如果一首交响曲从头至尾快到底，听后一定喘不过气来，急躁万分。所以一般交响曲都有慢板乐章，而且每个乐章的速度也是有快有慢的，日常生活上的节奏和韵律也应该如此。"

时间管理并不是要让我们只追求节奏的快，每天不停地劳累奔波，它帮助我们达到的是一种人生的平衡，就像李欧梵说的，日常生活的节奏要"有快有慢"。

我们学习时间管理，就是要平衡工作和生活的快与慢。

你一定要学的时间管理书

平衡工作和生活的快与慢才是时间管理的真谛

三、时间黑洞有多可怕

你有没有这种感觉:一方面觉得自己整天忙得没时间,另一方面又沉浸于刷朋友圈、玩游戏、看美剧?如果是这样,那你就陷入了时间黑洞里。想要管理好时间,一定要高度警惕时间黑洞。

时间黑洞是一种恐怖的存在,它会在不知不觉间吞噬我们的宝贵时间,使我们进入一种全身心投入某件事的状态。但这种投入并不是积极的,也不是我们所期望的,通常我们会在事后感到后悔。

特别是在信息网络高度发达的当今社会,我们的注意力太容易被吸引,从而陷入时间黑洞。比如,你坐在办公桌前刚打开一份工作报告准备看看,这时传来消息提醒,你打开手机一看,原来是微信群里有人分享了一则娱乐新闻。这时,你完全忘记了原来的安排,而选择了点击娱乐新闻去看。你完全感觉不到时间的流逝,看完一则新闻又去看其他的,一抬头一个小时过去了。可这时候你会感到后悔、挫败,又白白浪费了宝贵的时间,工作进度也将滞缓。这就是典型的"网络时间黑洞"。

时间黑洞存在于生活中的方方面面，但手机和电脑是主要的、常见的时间黑洞，是我们最需要高度警惕的。

走在马路上，目不转睛地盯着手机看的"低头一族"随处可见。手机一方面为我们的日常生活提供了无比多的方便，为我们节约了不少时间，但另一方面也浪费了我们很多的时间。

微信的新消息提示音一响，我们就会打开手机查看并回复，然后会顺便看看朋友圈的新消息，甚至会挨个看看微信订阅号消息。接着，手机上还有其他 App 吸引着我们，我们可能还会购物、听听音乐、看看视频。对于手机重度依赖用户来说，大半天的时间就消失殆尽了。这就是手机时间黑洞。

如果想知道自己一天到底花费了多少时间在手机上，那么可以在手机上安装一些 App，帮助我们统计每天使用手机的时间，如"Moment"（目前只有 iOS 端可以下载）。它是一款用来追踪我们每天使用手机或者平板电脑时间的应用，宣传语是"放下你的手机，回到你的生活"，可以帮助我们预防手机时间黑洞。

大多数职场人士上班时都是待在办公室里的,并且很多工作都需要电脑的配合才能进行,如收发邮件、写方案和材料、使用设计软件……但是在使用电脑办公时,同样会遇到各种各样的诱惑,和手机一样,同样是网络在吸引我们,自然而然地,我们就陷入了电脑时间黑洞。

很多人在打开电脑工作前都会浏览新闻,殊不知我们的时间正是这样被夺走的。看一条新闻报道也许花不了多长时间,但是看了第一条就会忍不住看第二条,甚至会去主动搜索相关的新闻和事件。还有的人在工作的间隙喜欢逛购物网站,不仅自己看,还喜欢和别人讨论,这样下去就会一发不可收拾,到了午饭时间才会罢手。

就像使用相关 App 来记录自己使用手机的时间一样,我们也可以手动记录下自己陷入电脑时间黑洞的时间。

下表是小王对自己某工作日上午的工作情况进行的记录,既包括手机、电脑时间黑洞,也有包括其他因素造成的时间浪费。

时间	计划	实际情况	是否达到预期
9:00—9:30	查看邮件并回复	回微信消息、看朋友圈	×
9:30—10:00	完成工作计划书	在新闻网站浏览新闻	×
10:00—10:30	重新开始完成工作计划书	大致完成了工作计划书	√
10:30—11:30	和同事讨论本次计划	没讨论几句就开始聊天了	×
11:30—12:00	开会	开会	√

从记录中可以看出,小王的工作效率并不高,在对应的时间里,他并没有完成计划的工作,而是做了其他和工作无关的事。

如果你也想了解自己一天的工作时间中到底有多少时间被时间黑洞吞噬掉了,那么可以像小王一样记录下自己的时间使用情况,这也是学习时间管理的开始。

时间黑洞的特点就是，会提供很多相互关联的信息吸引我们的注意力，使我们的时间在不知不觉中被消耗。

我们的大脑喜欢做简单的事情，而我们常常会被大脑的这个特点牵着走。一开始我们只是单纯地想做一件事情，如写工作计划、休息一会儿再工作，最终却花费了大量时间在那些简单的享乐型的事情上。不仅没有完成想要达成的目标和应该完成的任务，而且会影响后续的安排和一天的心情，我们也可能会为此感到沮丧、失落，却又无能为力。

第二节　我们和高效人士的差距在哪里

想要变得高效，首先需要改变的就是我们对时间的态度。一个不会珍惜时间、不会把握时间的人是不可能获得成功的。所有的高效人士都懂得把握住自己的时间，将时间投资到正确的事情上。

一、以正确的态度对待时间

一个人一生可以自由支配的时间其实并不多，假设一个人能活到80岁，那么他一生所拥有的时间约70万个小时，除去睡眠时间以及其他必须花费的时间，真正能用来自由分配的最多有30万个小时。在这可以支配的30万个小时中，最有用的其实是前10万个小时。由此可以看出，我们能够有效利用的时间并不多，这些时间是我们必须抓住的。

有的人一边在浪费时间，一边埋怨"天妒英才"，从来不想自己这10万个小时到底是如何度过的。比如，小张一直认为自己怀才不遇，希望能在职场中晋升却久久没能实现。看看他对时间的态度就能知道原因：他上班经常和同事聊天或是刷朋友圈，耽误的工作只能加班补回来；业余时间也是靠打游戏、看电视剧打发。

一个人的成就大小在于他如何分配时间，对时间是什么样的态度。懒惰的人把许多宝贵的时间都给浪费了，每日得过且过，虚度着自己的年华。只有勤奋的人、做事讲求效率的人、懂得科学支配时间的人，才可以把一天24个小时变成25个小时甚至更多。这就是我们要学习时间管理的原因。

有一个小伙子出生于重庆市普通的市民家庭，由于父亲工作调动，一家人迁居至南京。到了南京生活却不太如意，父母对他寄予厚望，他却遭遇了高考落榜。当时正逢南下淘金热兴起，为了寻找出路，他就和一帮同学去了深圳。然而，深圳残酷的现实很快粉碎了他的美梦。

一个月后，这个小伙子终于谋到了一份临时搬运工的差事。不仅累，报酬还少，第一个月忙下来，他仅拿到了23元工资。他开始思考自己的未来，并且在不干活时就抓紧时间学习。

他的日记中有这样一句话："我不能一辈子待在这个地方，想换好工作，就得有知识。"于是，他周一到周五上班，周六日别人都在休息，他去参加函授课程，不断学习。经过时间的沉淀，他后来成了鼎鼎大名的主持人。这个小伙子就是孟非。

每个人都会有不如意之时，在低谷时我们更应该发挥能动性，抓住时间，为我们的成功铺路。就像孟非一样，虽然工作的第一个月很忙、很累，但他合理规划自己的时间，在赚钱养活自己之余，将时间投资在了学习上，一点一滴开始进步，这些付出最终收获了回报。

这和那些只求现实安逸而将时间浪费掉的人是完全不同的，我们身处顺境时不能沉溺于一时的安逸，把时间都挥霍掉，而要居安思危，整理好时间，为未来做准备。身处逆境时更要把握住时间，不轻易浪费任何时间，要通过努力让自己逆风前行。

绝大多数成功的人,都是善于利用时间积累储蓄能量的人。比如,大名鼎鼎的李嘉诚,在退休前每天工作的时间都保持在 18 个小时。越有能力的人,越能以正确的态度对待时间,因为他们知道时间的价值。

那么,我们应该以什么样的态度来对待时间呢?这里有一些建议提供给大家。

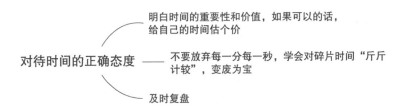

（1）明白时间的重要性和价值,如果可以的话,给自己的时间估个价。只有明白了时间的价值,我们才会以更谨慎的态度对待时间、使用时间。对职场人士来说,如果我们的工资是每月 6000 元,那么每天的时间大概价值 200 元,除此我们还能用每天的时间创造更大的价值,这就需要我们合理地管理时间。在对自己的时间价值有了一定的了解后,做一件事情前就会先评估这件事的价值是否匹配自己的时间。若觉得不值得,就要考虑放弃做这件事,而选择价值更大的事。

（2）不要放弃每一分每一秒,学会对碎片时间"斤斤计较",变废为宝。我们的工作时间当然是重要的,但是碎片时间同样不能全然放弃,否则将错失很多可利用的时间。碎片时间是指那些零散的、无安排的时间段。它的特点是存在的场景多、环境杂,短小而分散,包括每天上下班的时间、旅游途中的时间、等待他人的时间、晚餐后的闲暇时间等。在这些时间里,我们一般不能集中精力去工作或学习,不能专注于思考,即使产生了好的灵感也可能会被轻易打断。但这并不意味着我们不能将碎片时间利用起来,我们可以利用它们来完成一些难度不高的活动或工作，如阅读、学习一门新语言、编写工作计划或总结，休息一下也是很好的选择。

下面是高效人士小智利用碎片时间的情况。

6:30—6:45 早起洗漱——用手机电台收听新闻

7:45—8:45 上班路上——学习英语单词或者编写工作计划

12:30—13:00 午饭后——读一会儿书

18:00—19:00 下班路上——管理自己的新媒体平台

19:30—20:00 做家务——用喜马拉雅App听有声电子书

（3）及时复盘。只有经过总结和反思，我们才能吸取成功的经验和失败的教训，才能知道自己对时间的掌握程度。

复盘的步骤如下：首先复原当时事情的经过；然后问自己，当时对这件事情的思考以及预期是什么，为什么会做出那样的思考，预期的依据是什么；接下来思考实际情况与预期的差异，以及造成差异的原因；最后回答，如果再重来一次，哪些地方可以做出改进。

二、把时间花在值得做的事情上

给大家分享一则小故事：美国著名的石油大亨洛克菲勒，年轻时在洛杉矶生活过一段时间。他住的那条街上有两个相隔不远的小理发店，洛克菲勒经常去那两个理发店理发，因此和两个老板都很熟悉。

两个理发店的老板都是二十几岁的小伙子，但是经过细致观察，洛克菲勒发现，第一个理发店和街上大多数商店一样，里面放置着一些消遣性的杂志，可以供老板自己阅读，也可供等待的顾客阅读。第二个老板的店里除了有消遣性的杂志外，还多出一些专业性的美容美发时尚杂志，另外，还有许多关于创业的杂志。从这一点我们可以看出这两个老板平常对时间分配的不同，第一个老板安于做小镇上的理发师，平常的时间除了给顾客理发，就是休息和娱乐。而第二个老板却不同，他除了做好自己的本职工作外，还有计划地把剩余的时间花在了学习美容美发前沿技术以及为创业做准备上。

洛克菲勒作为顾客，平常也会和理发店的老板聊聊天，果不其然，他从聊天中发现，第一个店的老板显然已经将理发当作自己终生从事的职业；而第二个店的老板却不同，虽然他也认真完成工作，却只是将现在的工作当作临时的职业，在工作闲暇之余，他还会去做更多的事。他立志在美容美发行业创造一番事业，因此把自己工作之余的时间全部利用起来，学习美容美发技术和创业的相关知识，把时间投资在有价值的事上，通过自己的努力不断进步。

10年之后，洛克菲勒回到了洛杉矶，偶然间，他再次来到生活过的街道上，发现第一个店的老板仍然是一名理发师，只是随着年龄的增加拥有了更多的理发经验，而第二个店的老板则已经创立了洛杉矶著名的集美容美发于一体，并引领洛杉矶美容界潮流的著名连锁美容店。

这两位理发师的故事告诉我们，一个人的时间花在哪里，成就就在哪里，想达成目标必须花费时间去用心准备和经营。

一个人的成长，正是由无数的时间积累起来的。每个人一生所拥有的时间是一定的，我们总会慢慢老去，所以要将自己宝贵的时间更多地投入在我们真正渴望有所成就的领域，把时间花费在值得做的事情上面。

生活中总是有无数大大小小的事情包围着我们，工作、读书、学习、约会、健身、谈恋爱、旅行……每一件看起来都是我们想做或需要去做的事，我们总是恨不得能分出8个自己来完成这些事情。可真相是，我们只有一个身体，每天也只有24个小时。如果没有好的时间安排，我们就会发现自己大部分的时间和精力都花费在了一些琐碎的事情上，总有一种"捡了芝麻，丢了西瓜"的感觉。

古罗马哲学家马可·奥勒留的《沉思录》有这样一句话："道德的完美无缺，在于把每一天当作生命的最后一天来度过。"我们要将每一天当作生命中的最后一天，做最重要的、最想要完成的事。找到内心真正渴望的目标，将时间投资进去，这才是我们对待时间最好的态度。

第三节　通过时间管理，我们可以获得什么

在学习时间管理的方法之前，我们需要对它有一个清晰的认识。了解为什么要学习时间管理，以及它能够带给我们什么。

一、掌握时间的主动权

身在竞争激烈的职场，每一个人都应该了解时间管理对自己的重要性。有效地进行时间管理不仅能使工作更有效率，还能培养良好的工作习惯，并且让我们合理地规划人生。养成合理规划时间的习惯，我们才能主动去掌握时间，而不是被时间"拖着走"，这可谓走向成功的关键因素之一。

合理地管理和规划时间可以帮助我们正视工作中面临的各种压力，在繁忙的工作中游刃有余，同时在超常的工作压力下昂然前行。

时间管理帮助我们对每一天进行规划。职场中的每一天对于我们来说都是很重要的，我们只有对自己每一天的工作都进行规划，才能知道自己在什么时候该做什么，知道自己每一天都在忙什么、得到了什么样的收获。这样一来，就能增加我们的充实感和自信感，让我们在之后的工作中更上进。

学习时间管理，是为了不让时间来"操控"我们。比如，我们在工作中常常会遇到各种突如其来的状况，可能会手忙脚乱、无所适从，这也是我们进行时间管理所要解决的问题。

二、管理时间才能获得更多的时间

时间管理和理财是一样的道理。对我们而言，理财就是厘清自己的钱花到哪里去了，对资金的使用进行规划，从而使自己的消费更合理，生活品质更好。

学会理财后，会把自己的金钱花费在有用的地方，在花费一笔钱的时候会考虑这笔钱该不该花，消费起来会变得更加理性。有很多年轻人都存有冲动型消费习惯，他们看到一件很吸引自己的物品时，不经深思熟虑就直接购买，完全没考虑这东西对他们有没有用，有多大作用。

理财也不光是为了省钱，重要的是通过理财来认清自己的钱花费到了哪里，从而可以通过量化的记录统计，知道自己一周或一个月花费了多少钱，分析哪些是可以避免的，哪些是必要支出的，这样会对自己的花费有一个清晰的认识。

时间对我们来说也同样如此，我们经常会冲动"消费"时间，只贪图一时的安逸，而忽略了"投资"，忽略了将时间花费在更有价值的事情上，以便将来有更多的时间做更多自己想做的事。很多人口中说着要珍惜时间，但缺少对时间管理这个概念的正确认识，甚至认为时间管理是多此一举。理财时，钱是有形的，我们可以直接感知到或者以数字来量化它，这样我们花钱时心里就会有具体的判断和预期。而时间是看不见摸不着的，它一直在悄然流逝，我们很可能会迷失在时间黑洞中而完全察觉不到。

正确的时间投资方式是，在做一件事情之前想一想：我想通过做这件事达到什么目的，或这件事能给我带来什么好处？我所耗费的时间能得到哪些收益，这些收益又能持续多久？

比如，我们学习办公技巧，在刚开始学习时也许会占用我们很多时间，但通过学习提升了自己的技能后，工作起来就会更轻松，和以前相比，能在相同的时间内完成更多的工作，创造出更大的价值。而且这项技能所带来的收益持续时间很长，我们整个职场生涯中可能都会用到。

办公能力、职场沟通能力、讲演能力的提升，或许在短时间内带来的收益微乎其微，不能马上为我们创造出经济价值，但从长远来看，它们的收益却是可以累积和叠加的，只要持续的时间够长，这个收益就能传递下去，成为奠定我们未来职场高效道路的基石。

平时我们会花费很多时间去做娱乐性的事，如看电视剧、玩手机游戏、和朋友逛街。我们可以花费时间去做这些事吗？做这些事能够得到一定的价值吗？我们当然可以进行一定的娱乐，并且我们也无法控制自己完全杜绝它们。无论是追剧还是打游戏，抑或是参加朋友聚会，都是一些让我们舒缓压力、愉悦心情的事，心里得到的满足就是它们给我们带来的收益。

但是，做这些事情往往在当下收益很大，收益期却非常短，无法产生长期的效果。一旦过了一定的时限，还会产生反作用，所以我们可以让其存在，但一定要控制。比如，打游戏，打完之后愉悦感不会延续太久；看完一部电视剧后，它的内容太多也不会留在我们的记忆深处。我们在当下感受到了愉悦，之后身心却倍感空虚。我们常常因为做这些事情当时的好处，而忽略这些事情是否可以持续下去，产生长期的效果。如果想再一次感受到同样的愉悦感，我们必须再一次做同样的事，花费同样的时间。我们学习时间管理也是为了将它们控制在一个合理的范围里，同时获得当下的收益和长远的收益。

千万不要认为时间管理是在浪费时间，当我们能正确管理、规划、利用时间时，我们的"投资"将帮助我们获得更多的时间。

第四节 当心！别走进时间管理的误区

在开始学习时间管理之前要明白，我们在时间管理上可能存在一些误区，如果不加以重视，可能会使我们走向错误的方向。

下面是时间管理的"三大误区"，我们一定要当心。

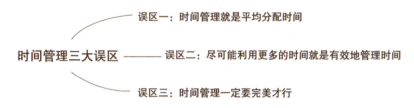

时间管理三大误区 —— 误区一：时间管理就是平均分配时间

误区二：尽可能利用更多的时间就是有效地管理时间

误区三：时间管理一定要完美才行

误区一：时间管理就是平均分配时间

在系统地学习时间管理之前，不少人听到"时间管理"这个词都会产生这样一个误解：时间管理等同于平均分配时间。在他们看来，时间管理就是搞时间平均分配，通过各种方式把每天需要做的事情整理和罗列出来，然后依次分配时间去完成这些事情。他们希望能坚持在一定的时间里完成计划的全部工作，来增加自己时间的宽度。

虽然这种想法的出发点是好的，但是缺乏可操作性，也根本不现实。要知道，人的注意力不可能时时刻刻集中，可能会选择更简单轻松的事去做，外界对我们也会有很大的影响，想在一天之内做完所有事情并不现实，想做好所有事情就更加不切实际了。

所以，我们要学习的时间管理并不在于分配时间，而是要通过适合自己的方式提高时间的利用效率，这二者之间存在很大的差异。

时间的宝贵性当然不言而喻，要提高时间的利用率，我们首先需要做的是将宝贵的时间用在那些最有价值的事上。如果采取时间平均主义，将时间一点点分配到不同的工作任务和事情上，那么实际上是在分散时间的价值。

下面是某公司的员工小王一天需要完成的工作。

- 准备并打印合同文件
- 回复邮件
- 收集新方案素材
- 和同事开会讨论
- 整理文件
- 接听客户来电
- ……

回想一下自己每天面临的工作，我们可以看出职场人士每天需要完成的工作太多了，在保证质量的情况下把它们全部完成几乎是不可能的。我们真正要做的是，拿出尽可能多的有效时间，选择其中一些重要的事首先高质量地完成，在还存有精力的情况下，继续完成其余不太重要的事。如果我们已经集中精力完成了最重要的事，那么其余工作的完成情况也无须过分计较了。

我们来看看小王的工作中有哪些是需要他尽快完成的。首先，因为老板今天外出需要合同，所以"准备并打印合同文件"这一任务是刻不容缓的，需要马上完成。小王最近的工作是围绕新方案来展开的，收集素材是制订和实施新方案的第一步，因此构思方案和讨论方案都可以缓缓，现阶段重要的是收集素材。另外，"客户至上"的理念在职场中是很重要的，一旦客户来电，小王需要马上接听并记录下客户的需要，及时做出回复和配合。

小王忙一天下来并没有留出时间来和同事讨论新方案，也没有回复完所有邮件，仅是对重要邮件做出了回复。但他的工作效率仍是合格的，因为他完成了最重要的工作任务，不会对自己和公司造成任何损失。

反之，在时间短缺的情况下，如果小王把时间平均分配到每个任务上，力求一天之内将所有事情都纳入计划和安排之中，那么时间就会显得很紧凑。一旦将同样的时间分配到那些无关紧要的事情上，就意味着花在重要事情上的时间会被大大压缩，既影响工作效率，又会使产出的质量大打折扣。

时间的平均主义在时间管理中万万不可取，它不是时间管理的主要目的，也不能体现时间管理的本质问题。如果我们只是追求完成所有工作，那么我们就是在浪费自己的宝贵时间。

误区二：尽可能利用更多的时间就是有效地管理时间

很多人在了解了时间管理的方法后，就急匆匆地打算开始实行了，最后却心灰意冷地放弃了时间管理。归根结底，就是因为他们没有搞清楚时间管理的本质——效率为上。

在时间管理中，我们并不看重是否将任务全部完成、完成了多少，而是注重效率。效率是管理时间的出发点与归宿，如果缺乏效率，那么时间管理就成了一种累赘，还不如不进行时间管理。

每天工作 10 个小时就一定比工作 6 个小时有效果吗？

对于时间管理来说，往往"质量"大于"体积"，我们追求的是对于有效时间的控制，其一，要增加有效时间；其二，要在有效时间里完成更多的任务。

因此，我们要从"利用每分每秒"和"努力就是成功"的思维困境中走出来，不要再自欺欺人地给自己安排大量的没有意义的或是根本无法完成的任务，而应该着眼于在有限的时间内完成更多更有价值的事。

效率和方法是分不开的，我们想要时间管理取得良好的成效，一是要选择适合自己的方法，二是不能过度迷信时间管理方法。

经过多年的积淀，如今呈现在大众面前的时间管理方法越来越丰富，这些时间管理方法当然有它的合理性和科学性，能够给予我们一定的帮助，尤其是对于那些对自己的时间缺乏控制和约束的人。但还有一些人在时间管理上走了弯路，导致时间效率一直不高。

虽然每个人一天都是只有 24 个小时，但是由于从事的工作不同，希望达到的效果不同，以及自身能力不同，因此我们需要采取适合自己的方法来管理时间。

有的人在了解了时间管理方法后，对它产生了很强的依赖感，将改善自我的全部希望都寄予时间管理，将时间管理作为自己本身工作的一个基本保障,这当然是不可取的。比如,有的人工作能力低下,迫切需要提高,却一厢情愿地将自己能力的提高和时间管理方法画上等号,认为只要使用时间管理方法,个人就能"纵横职场"。殊不知,时间管理方法只是辅助工具,不能起决定作用,要想提高自身能力,还得自己去学习、去实践。

误区三:时间管理一定要完美才行

在日常生活中经常有这样一些人,他们对每一件事都比较严苛,希望自己能将事事做到完美。在过度追求完美的过程中,一旦发生一点偏离,他们内心就会焦急烦躁,或是陷入深深的愧疚和自责中。这样不仅降低了工作效率,还可能导致身心和精神状态的严重受损。

这也是时间管理的一大误区,认为时间管理要求我们将事事都变得完美。其实,时间管理并不需要完美主义,当没有百分之百做到时,我们也无须过分自责,我们需要的是继续起航前行。

比如,你在完成工作任务的过程中,一个同事突然来问你一个问题,你在耐心地帮他解答后,两个人自然而然闲聊了几句,于是耽误了你完成任务的几分钟时间。在同事离开后,你拿起手机看看时间,马上大惊失色:自己的任务不能在规定的时间里完成了,和自己今天的计划不太一样了!这之后你就陷入了完美主义的强迫症,对于同事来打扰你的行为很是气愤,内心变得急躁,无心完成接下来的任务了。结果呢,接下来半天的工作时间都在烦躁中度过了,而且离自己起初的计划越来越远。

在我们利用时间管理方法做任何工作时,中断是在所难免的,不可能达到完美的状态,总会有一些不到位的地方,总会出现一些不尽如人意的环节,总会产生一些难以避免的错误。但只要这些偏离或错误不会影响到大局,不会影响工作的性质,不会对工作目标的达成产生不良影响,那就可以忽略它们,完全没有必要去斤斤计较。

试想一下，在刚才的环境里，当同事和你闲聊之后，你把在这个时间段里需要完成的任务尽可能地多做一些，然后放置到旁边，继续开始下一阶段的任务，没有完成的任务就安排到晚上或是第二天来完成，那么你的时间安排就一点也不会被打乱。

具有完美主义强迫症的人，实际上往往正是缺乏时间观念的人。在他们心中，按照自己的标准和要求去完成工作更重要，而不是真正按时完成工作，利用好有效时间。这种状态可能会造成他们错过最佳时期，甚至导致工作上的失败。

我们需要在质量、时间、能力以及期望值上达到一个平衡，虽然此时的时间有一点小小的浪费，但没关系，重要的是我们接下来还会继续高效地完成工作。比较好的做法如下。

第一，尽自己的能力去完成任务，即使中断了也没关系，不要因为过度追求完美而失去更多。如果发现自己的完美主义会耗费大量时间，甚至影响到了工作的正常执行，就要及时刹车，提醒自己过去的已经过去，接下来完成任务才是重要的。

第二，可以给自己设置一个最低目标或心理预期值，只要完成了最低目标，今天的预期就已经达成了，这样可以帮助自己减小压力。给自己预先留下一些用来"不完美"的地方，可以很好地抵抗完美主义强迫症带来的负面影响。

回顾测试：
为什么我们需要时间管理

一、选择题

1. 下面哪一种是我们最不提倡的时间观？（　　）

   A. 关注未来的时间观

   B. 关注过去的消极时间观

   C. 关注过去的积极时间观

   D. 关注当下的享乐主义时间观

2. 以下属于对待时间的正确态度的是（　　）。

   A. 给自己的时间估价

   B. 即使是碎片时间也不浪费

   C. 及时复盘

   D. 以上都是

3. 以下属于时间管理的误区的是（　　）。

   A. 我们要尽可能多利用时间

   B. 时间管理不是平均分配时间

   C. 时间管理不等于要追求完美主义

   D. 以上全部

二、简答题

1. 时间管理要达成怎样的目标？

2. 时间管理中，在面对不完美的自己时，我们应当如何做？

第二篇
实战篇

只认识到时间的重要性还不够,我们更需要亲身投入时间管理中才能抓住时间。本篇将为大家介绍非常经典的时间管理方法,每种方法都有它的奥妙之处。更重要的是,当我们了解了这些方法后,要去运用它们、实践它们,这样才能掌握时间管理的真谛。

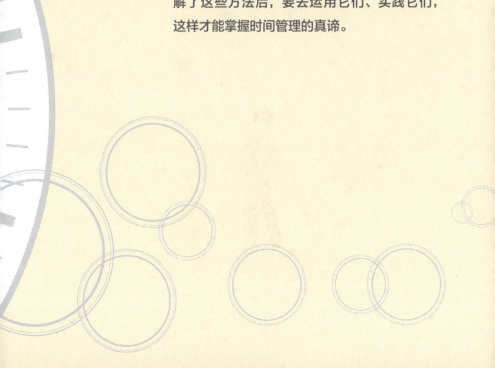

第二章 超实用的"要事优先"法则

也许我们已经察觉到,在我们的人生中,总有一些事比另一些事更重要。当我们将精力更多地投入这些重要的事时,我们获得的回报的价值也会更大。但我们仍然可能低估了这一概念对于我们的内在效率,以及对于我们的工作和生活造成的真正影响。当我们能抓住"要事优先"法则时,我们离高效与成功就又近了一步。

带着以下疑问阅读本章

- ❖ 什么是帕累托法则?
- ❖ 怎样区分任务的重要性和紧急性?
- ❖ 什么是"吞青蛙"?
- ❖ 六点优先原则是什么?
- ❖ 如何对待工作中的小事?

读完本章,你能收获什么

- 能够了解怎么找到任务的 20% 和 80%。
- 能够了解"青蛙"是指什么以及怎样"吃"掉"青蛙"。
- 能够学会使用六点优先原则。

第一节 无处不在的帕累托法则

在职场上,如何才能大幅度提高自己的工作效率,以少量的付出获得尽可能多的回报?如何才能在获得职业成就感的同时尽量减少承受的压力,不用长时间"待机"去工作,可以拥有属于自己的私人时间?如何才能达到工作与生活的平衡,不用做"工作狂"?

要解决这些问题,我们就必须了解时间管理最重要的一大原则——帕累托原则,它是开启时间管理大门的关键。

一、80/20定律的奥妙

80/20定律又叫帕累托法则,它是以意大利经济学家维弗雷多·帕累托的名字命名的,是指80%的成果源自20%的行动,即少量的付出将获得大量的回报。帕累托法则认为,在原因与结果、投入与产出、付出与回报之间存在一种内在的失衡,80/20关系提供了衡量这一不平衡的较好基准。虽然在现实生活中这一比例并不是完全准确的,但对于商业活动、管理活动以及个人工作方面来说,它确实具有重大的意义。比如,对于一个公司来说,80%的业绩是由20%的客户产生的;对于个人来说,完成某份报告时80%的成果来自20%的阅读材料。

在时间管理方面,帕累托法则更是具有特别的价值,我们在日常工作时必须时刻注意这一法则,以便将注意力集中在具有关键效果的重要问题上。在运用此法则时,无论对人对事,只要有事物组成,其中就有只占20%的最重要部分。掌握了这20%,就能掌握好另外的80%。

小王在公司里很少加班,每天下班时间一到,手中如果没有重要工作需要在今天完成,他就会立刻收拾好东西离开,而周围的同事则开始准备新一轮的加班。平时小王从不让自己手中的任务过多,但是只要重要的项目到他手里，取得的收益就是其他同事的好几倍。小欧是小王的同事，平时非常羡慕小王能每天按时回家，可自己总在该工作时干一些无关的事。他也希望能将手里的事做好，可是承接了一大堆项目，全加起来收益也不算高。

　　这种现象在职场很常见。像小王这样的人，正是在 20% 的时间里抓住了 80% 的要事，才会使自己的工作事半功倍。

　　当我们把这一法则铭记在心时，我们就可以改进当前的工作模式了。首先要明确工作目标和工作规范，并且要明确根据这一法则会对哪些任务产生关键性影响，这是决定优先级的基础。在此基础上武装自己，让自己变得更有效率。一方面是由于我们会把时间花费在关键问题上，另一方面在于我们会减少那些花费在琐事上的时间。

　　那么，哪一部分才是我们需要抓住的 80% 的要事呢？可以从四象限原则中找到答案。

二、用四象限原则找到重要的 80%

　　第一象限：重要又紧急的事。主要分为两类情况：一类是突发性的重要事务，如领导突然交代需要你现在去会见重要客户；另一类是延误性的重要事务，如今天就到截止日期的工作报告，这一类事情很可能以前属于第二象限，但因没有及时处理就转移到了第一象限。

　　第二象限：重要但不紧急的事。诸如对自己长期的规划、工作能力的提升有影响的事，以及与生活品质相关的各种事项等。

　　第三象限：不重要但紧急的事。一般是突发性事件，诸如接听来电、回复客户咨询的问题、接待突然到访的来宾、一些需要立即完成的日常琐事等。

　　第四象限：不重要且不紧急的事。这类事情一般不做也不会有什么负面结果，可做可不做，现在做或是未来做也没有什么差别，如和朋友聊天、看电视剧、看手机新闻。

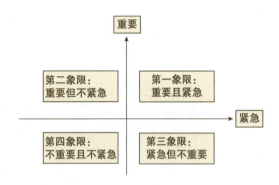

我们把时间投入哪里,决定了我们将成为怎样的人,会获得怎样的人生。因此,根据每个人在四个象限投入时间的不同,一般把人分成四种。根据你的情况,来看看自己属于哪一种人。

1. 第一象限型人:救火队长

我们都清楚,第一象限的事情是首先应当完成的。为什么要称偏重第一象限型的人为"救火队长"呢?这是因为这类人看似在完成最重要最紧急的任务,是工作现场的骨干,但其实他们承受着巨大的工作压力,超负荷运转,一刻也不能放松。由于面临太多的任务,很有可能在工作中顾此失彼,产生漏洞,为自己和别人带来麻烦。而且在太大压力的情况下完成的任务,通常效果不会太好,也会影响自己的身心健康。

2. 第二象限型人:保健医生

为了不让自己成为忙里忙外的"救火队长",我们要尽量不让第二象限的事情转移至第一象限。

如果一个人能把大量时间用于处理第二象限的事情,有效防止第二象限的事情转移至第一象限,那么我们可以将他看作一名杰出的"保健医生"。他善于安排任务,并且能有条不紊地完成。他会在事情还未迫在眉睫时,有条理地制订计划并逐一完成,或是做好统筹安排,预防危机突然降临。就像保健医生通常会根据对象身体的实际状况，以及他即将身处的场景，为其提供保健服务，预防性地给出建议和方案，帮助对象防患于未然。

将大量的时间投放至第二象限就是我们所要追求的状态。在没有太多压迫感的情况下完成工作任务，既可以保证工作质量，又有时间去对重要的工作进行更深层次的思考，进行更大程度的钻研和创新。

职场中的高效人士都属于这一象限型的人，他们会尽可能地把时间留出来处理这一象限的事务，并且在生活中也是如此。

3. 第三象限型人：勤务兵

这里所说的"勤务兵"是指为上一级服务和打杂的"士兵"，他们的特点是善于服从命令。"勤务兵"们坚守在自己的岗位上，以便随传随到，随时准备按照工作要求和指令来行动，工作的紧迫程度是他们的出发点。

然而，这类工作往往又不那么重要，一般来说，它需要的工作技能较低，投入高，产出小。将大量时间花费在这些工作上，很难体验到工作的意义和成就感，也很难从工作中获取经验和成长，对个人发展不会有促进作用。

4. 第四象限型人：幼稚空虚的人

这一象限里的事情往往是为了休闲娱乐、打发时间。一定时间的放松休息是正常的，但是如果深陷其中，则是心智不成熟的表现。现代社会中富有理性的成熟的人，不会在精力得以恢复后，仍然将绝大多数时间用于既不重要又不紧急的事。第四象限型人往往是幼稚空虚的，他们企图将时间花费在这些事情上，其实是对自己身心的损伤，也许可以享受一时的安逸，但最后获得的仍是空虚。

因此，对于我们来说，需要把20%的时间投入第一象限和第二象限，特别是第二象限，完成80%的要事，这样才能向高效迈进一步。

第二节 "吞青蛙"帮你治好拖延症

"吞青蛙",当我们乍一看到这个词,一定觉得不可思议,会想,我们为什么要吞掉青蛙呢?

其实这里所说的"青蛙"是对我们工作中最重要的、最难以攻克的、最有决定意义的事情的一种形象描述。通常,我们无限拖延就是因为我们选择先去做那些轻松的事了,或是直接去放松娱乐,也可能是工作安排不当,只去处理容易的任务,而将"青蛙"推到一边不去解决。久而久之,"青蛙"越来越多,在我们身边不停地"呱呱叫",只会徒增我们的烦恼。

一、"青蛙"是什么

在我们的一天、一周、一月、一年、一生中,一定能找出对我们来说最重要的三件事,它们就是我们必须"吃"掉的三只"青蛙"。根据帕累托法则,我们所要处理的所有事务的重要性都是有差异的,甚至对于同一件事,在今天看来非常重要,但是在明天可能就没那么重要了。

而"青蛙"是指重要的事,只要"吞"掉它们就意味着我们这一天已经取得了胜利,完成了80%的要事。"吞"掉"青蛙"对于我们来说是困难的、具有挑战性的,它们通常需要耗费我们一定的时间和精力。因此,这些事通常是重要但不紧急的,也就是第二象限中的事。

例如,一位业务经理,他当天最主要的工作是完成一项业务,这项业务就是他的"青蛙",而其他的琐碎工作都只是"小蝌蚪",并不能提升他在这个职位上的竞争能力,拥有再多这样的"小蝌蚪"也没拥有一只"青蛙"的作用大。

一般情况下,我们很容易忽略"青蛙",总想着去处理那些紧急的事。然而从长远来看,如果不去一步步地解决它们,最终只会每天被那些紧急的琐事缠身,重要的事也堆积在一起成了紧急的事,这样一来,我们便会背负巨大的压力,而且只是被紧急事驱赶着向前,却没有得到实质性的进步。

小陈是一名中学英语教师,同时也是一个孩子的母亲。在工作日,她最重要的三件事就是备课、给学生上课、及时批改学生的作业;而在休息日,对于她来说,重要的事就变成了陪伴孩子(如带孩子去公园散步)、打扫清洁、为下一个工作日备课。这些就是小陈在当天需要"吞"下的"青蛙"。虽然小陈每天还要完成更多其他的事,但是上述这些事是必须要完成的,而其他的事即使没做也不会产生严重的后果。

除了三只"青蛙"外,小陈每天还会面对无数的"小蝌蚪",不管是照顾孩子,还是到学校去工作,或者是在自己的私人时间里,都充斥着"小蝌蚪",一不注意就容易让这些事把自己的一天占满。由于这些事又小又不重要,会让人丧失对时间的厚重感,如果一天下来只做这些事,小陈就会感觉不到消费时间给生命带来的价值。

但是只要"吞"掉了三只"青蛙",小陈心中会一直牢记今天已经做好了这些重要的事以及这些事给自己带来的好处,能真真切切感觉到这一天过得很有价值了。

小陈刚走上工作岗位时,她把备课、给学生上课、向其他教师学习等事情当作她的"青蛙",因为她还需要实践与学习,如此才能在工作岗位上做得更好。而当她的教学水平基本稳定以后,除了保持教学质量外,她还把提升自我也作为每天要"吞"掉的"青蛙",不断丰富自我,因为只有自己拥有丰富的知识积累,才能向学生传授更多、更好的知识。当她有了家庭后,休息日会更多地向家庭倾斜,会花费时间陪伴自己的家人,参与一些社交活动,做到工作与生活的平衡。不同时间"吞"下不同的"青蛙",让她的人生变得多姿多彩。

下面就让我们来看看自己每天需要"吞"掉的"青蛙"是什么,然后将它们填入下面的表格里,并且要在当天优先完成它们。

日期	第一只青蛙	第二只青蛙	第三只青蛙

我们可以按照做这些事情的时间顺序把它们列出来,也可以按照事情的紧要程度来列举。顺序并不重要,重要的是我们能找到这些"青蛙"并且能"吞"掉它们。如果能坚持每天列出最重要、最棘手、最麻烦的三件事,那么过不了多久我们便会成为"吞青蛙"的高手,并且会越来越轻松,效率也会比以前有很大提升,可供自由安排的时间也会越来越多。

二、"吃"掉那只"青蛙"

如何做才能"吃"掉"恶心"的"青蛙"呢?

1. 明确自己的"青蛙"是什么,不要"吞"错了

"吞青蛙"的第一步就是找好"青蛙"。不仅要找到当前需要"吞"的"青蛙",而且一定要找得正确,否则"吞青蛙"就没有意义了。

因此,不管是每年、每月、每周还是每天,我们都要运用帕累托法则来确定对自己来说重要的三件事情。

2. 从"最大、最丑的那只青蛙"入手会更好

即使一定时间内要"吃"掉的"青蛙"有三只,也并不意味着这三只"青蛙"同等重要。我们最好先"吃"掉"最大、最丑的那只青蛙",也就是说,从更困难的事情入手,这样才会让事情越来越简单,我们也会越来越轻松。

对于一名销售员来说,实地销售会比网络销售和电话销售更困难。但为了使自己的业绩更好,销售员不得不去进行面对面的实地销售,向客户当面介绍自己的产品。销售员就要在"最大、最丑的那只青蛙"上投入更多的时间和精力,要首先解决它,以免后续没有足够的时间。

3. 将"青蛙"放在工作效率更高的时间段去解决

虽然我们提倡在一天中先解决掉这些"青蛙",但是具体问题具体分析更重要。我们需要将"青蛙"放在能够高效产出的时间段去解决。比如,我们的上午时间全是碎片时间,当然不适合用于"吞青蛙",这时"吞小蝌蚪"确实更合适。到了下午,时间更固定,不会被其他事务分心时,再来"吞青蛙",效果会更好,专注度也会更高。

"吞青蛙"时,可以有效利用番茄时钟、单核工作法来解决,具体方法可以参照后续章节的内容。

4. 创建并严格遵守每天的待办事项清单

清单能够给予我们很多帮助,它用一种有形的方式帮我们确定了"青蛙",不让我们有所遗忘。即使是健忘的人也能通过查看清单再次唤

起自己的记忆,然后去"吞"掉"青蛙"。

有一项著名的调查重点对高效人士进行了分析研究,探寻他们高效率的秘密。经过数千次采访后,发现清单对于他们来说很重要,是他们做事高效的秘诀之一,几乎每个高效人士都有属于自己的清单。在一天的工作结束后,他们会为"吞"掉的"青蛙"做好标注。但这还不是全部,他们还会确保每天的待办清单都包含对自己职业生涯和个人生活具有重大意义的活动。

"吞青蛙"是解决拖延症的一种有效方法。有的人总是因为自己有拖延症而情绪低落、自怨自艾。其实,拖延没什么大不了的,很多人都有不同程度的拖延症,我们要做的是当自己犯了拖延症时立刻意识到,从而采取行动抵抗拖延。拖延症并不是抵抗一次就能治好的,它需要我们付出多次的努力。如果我们觉得自己总是对重要的事情拖延,那么更应当尝试一下"吞青蛙"。

有时候我们不能过度执着于"吞"下同一只过大的"青蛙",灵活调整更为重要。有一个方法是,我们可以用一些"大蝌蚪"来替换目前"吞"不下的"青蛙"。如果有一件事我们实在没有办法解决,要拖延一会儿,那就去干其他重要的事,这样才不至于白白浪费时间。比如,有一个报告实在不想写,那就先去做市场调研,这样一来,虽然报告还是一片空白,但起码这段时间没有浪费,下一项任务被提前完成了。

"吞青蛙"是需要坚持的,"吞"一次"青蛙"并不是终点,能使"吞青蛙"成为一种习惯将使我们受益万分。通过建立一个良性的循环,我们会获得源源不断的力量。

如果希望工作效率更高,那就首先完成重要的工作;如果想健身,就不要想着明天去做,而是要当天就去健身房开始锻炼;如果想练习写作,就从身边的事情开始写起……

在用"吞青蛙"的方法治疗拖延症的过程中,找一群朋友一起实施效果会更好。当周围的人都在"吞青蛙"时,会给我们"吞青蛙"带来更大的动力,这样也相当于形成了一种监督的氛围。而且在相互监督的过程中还可以学习别人的优点,然后放到自己的行为中以提升自己。

此外,还可以增加拖延成本来对抗拖延症。比如,在几次没有成功"吞"下"青蛙"后就要有一定的惩罚,可以拿出一点钱请同伴喝下午茶,这样可以使"吞青蛙"带有一点强制性,适合那些自控力不强的人。

第三节　先解决重要的事

一、六点优先原则,确定任务的优先级

在使用六点优先原则之前,我们先来看一个小故事。

美国伯利恒钢铁公司曾一度陷入低谷,濒临破产,公司的总裁万分着急却又很无奈。束手无策之下,他向著名的效率专家艾维·利求助,希望能拯救公司。艾维·利在了解了该钢铁公司的情况后,表示自己可以提供一种方法来帮助钢铁公司走出困境,甚至可以使公司在短时间内大幅度提升业绩。

面对公司总裁的质疑,艾维·利拿出一张白纸,让对方在这张纸上写下明天要做的事。在总裁将计划要做的事和每天常规要做的事一一写在纸上后,艾维·利又让他在这些事中选择最重要的6件事,然后将这6件事用序号"1~6"标注出来。总裁仅用了几分钟就选择好了6件事,并按重要顺序进行了排列。

艾维·利将白纸递给了总裁,对他说道:"这张纸就是我提供给你的方法。"他嘱咐总裁,从明天开始,先全力以赴做好标号为"1"的事,在全部完成后,继续全力以赴做好标号为"2"的事……以此类推,直至

完成全部的6件事。

艾维·利还建议，若总裁认为有效，可将此法推行至高层管理人员；若还有效，则继续向下推行，直至公司每一位员工均使用此方法。总裁接受了建议以后，很快将这个方法付诸实践。

果然，这家公司渐渐"起死回生"，一年后，作为此次咨询的报酬，艾维·利收到了一张来自伯利恒钢铁公司2.5万美元的支票。

5年后，伯利恒钢铁公司从一家小型的钢铁厂变身为美国最大的私营钢铁企业之一。

这一时间管理方法被管理学界喻为"价值2.5万美元的时间管理方法"。根据这一著名的管理案例，可以提炼出"六点优先原则"。

六点优先原则看起来非常普通，但在使用后能产生很大的价值。它的核心内容就是从我们每天要做的大大小小的事中挑选出其中最重要的6件事来完成，并且这6件事需要根据重要性按顺序来完成。完成这6件事，就做到了以20%的付出获得80%的回报，只要按质按量完成了它们，我们一天的工作时间就基本上得到了充分利用。

在具体使用六点优先原则时需要注意以下几点。

（1）在前一天晚上就想好第二天要做的全部事情，并从其中选择最重要的 6 件事（或 N 件事），对目标、任务、会议等事件按优先级进行排序。虽然当天找出这 6 件事，制订出待办清单也可行，但是在六点优先原则中，更推荐我们在前一天晚间或者睡前就写下清单。这样做的好处如下。

拒绝把职场压力带入睡眠。在白天的工作中，我们很可能会留下很多"疑难杂症"未解决，这无疑会增加我们的压力，影响我们的睡眠。不知道你有没有过这样的感受，躺在床上准备入睡，突然想起今天的工作还没做完，明天还有几件事情要处理，内心会变得敏感焦虑，仿佛背了一座压力的大山，翻来覆去睡不着。如果这时候你起身将这些事记录在纸上，合理地规划第二天的工作计划，就等于把那些压在心头的事情从大脑里拿走了，释放了大脑的压力，不用惧怕第二天会忘记，这样便可以安然入眠了。

从容不迫地开始新的一天。如果我们能在前一天晚上整理好第二天需要做的事，那么第二天从早上起床开始，我们会觉得气定神闲，对自己今天应该做什么有一个清晰的了解和规划，可以从容不迫地开始新的一天。相反，如果我们将"写出 6 件事"的任务放在第二天，那么很可能还没来得及写，就遇到了一些突发性的小事不得不去处理，这可能会导致整体计划被打乱，或是无法按照 6 件事的顺序来工作，或是让我们在工作时变得烦躁。

让灵感青睐。在睡前写下清单，清单上的事项就会进入我们的潜意识，在我们的脑海里不断地发酵，很可能会产生新的灵感。当我们有准备时，面对灵感的悄然而至，才能马上抓住它们。

（2）化整为零，把大的、艰难的任务细分为小的、容易的任务，然后一一破解。我们将六点优先原则运用到工作中，重要的是要及时、正确地找出每天要做的 6 件大事。其实这并不容易，需要我们结合自己的目标和计划来找到这 6 件事。我们必须清楚自己的工作目标是什么，然后将它一一分解为工作任务，找到其中重要的部分，作为每日工作的重心。

在开始工作之前，我们需要对自己的工作目标有一个清晰明确的界定，这样才能有一个确定的方向，以便进行时间管理。这个工作目标可以是长期的，也可以是中期的。

目标确定后，将它分解为季度目标、月目标、周目标等，最后细分为每天要做的任务，这样，我们就可以从中确定最重要的6件事了。只要把握住这6件事，不仅是每天的80%的工作任务，甚至是每周的工作目标，我们都可以达成。这样层层推进，达成长期的工作目标也就不在话下了。

小C是某培训机构的优秀讲师，她平时既有繁重的授课任务，又要花费很长时间专心备课，此外，业余时间她还会通过不断学习来令自己增值。

她的工作目标是成为一名高级讲师，能系统地将知识传递给学生，使学生获益。

在制订具体的计划时，她将目标细化到每天应该教授哪部分知识给学生，自己又应该提前学习哪些知识，这样一来，她就能有条不紊地工作并逐渐实现自己的目标。

在每晚睡前，小C都会为自己写下第二天首先要完成的6件事。

（1）挑选出今天要教授的重点内容，做好记录。
（2）将重点内容传授给学生，之后再简单介绍非重点内容。
（3）与学生互动，并且解答他们的疑问。
（4）批改学生的作业。
（5）备课，预习明天要教授的内容。
（6）学习一些新内容和新技能。

来确定一下你的目标吧，以便能找到对你而言每天最重要的6件事。

你的目标：
本季度／本月度目标：
周目标：

▼

每天从完成最重要的6件事开始
（1）
（2）
（3）
（4）
（5）
（6）

（3）寻找工作任务的优先级。按事情的重要顺序，从"1"到"6"标出6件重要的事情。在选择好6件重要的事后，需要按照轻重缓急排序处理，但如果难以抉择出事情的先后顺序，又该怎么办呢？

要想找到首先需要完成的任务，可以简单地利用加权值对优先级进行排序，具体做法如下。

第一步：将选出的工作任务填写在清单中，然后分别对其重要性、紧急性、优先性3个维度给出1~5分的加权值，以此来为任务作出评价。

第二步：将每项工作任务的3个维度的分值相加得出总加权值。

第三步：在计算出总加权值后，按照分值大小进行排序。

需要注意的是，我们可以将加权值设定在1~5分，也可更详细地设定为1~10分，分值越大，代表重要、紧急和优先程度越高。

下面是一个自由撰稿人一天任务的排序。

任务	重要性	紧急性	优先性	合计	排序
修改上一篇采访稿	4	5	4	13	1
撰写采访大纲	5	3	3	11	3
联系采访对象	4	2	3	9	5
整理资料	3	3	2	8	6
开会	4	4	4	12	2
寄快递	3	4	3	10	4

对于一个自由撰稿人而言，当天的工作除了"整理资料"和"寄快递"外，其他的都很重要，最好当天完成，因为寄快递不会花费太多的时间，所以也可以放在当天来完成。上一篇采访稿优先于新的一篇，这是因为上一篇是亟待发表的。但新的一篇的大纲撰写和联系工作与修改上一篇稿件同样重要，甚至更重要，因为没有好的大纲，新的采访稿的出色程度可能会大大降低。

（4）从现在开始，按照顺序，集中精力完成这6件重要的工作。每天全力以赴完成清单上标号为"1"的事情，完成后再全力以赴做标号为"2"的事情，以此类推。

全力以赴的意思是集中全部的力量去做，也就是我们通常说的"专注"。

二、将小事集中起来处理

在工作中，千万不要忽略那些小事，有很多人会因为被小事左右而变得烦躁，大大降低工作效率。

即使是一个工作能力很强的人，也常常会因为需要分心去处理一些小事而在工作中犯错误。一个对工作认真负责的人，面对那些琐碎的小事也会变得不情不愿，对它们产生厌烦之情，工作效率也将受到影响。

大多数时候，处理这些小事并不需要花费我们太多的时间，也没有太大的难度，但它们还是不受人喜爱。这主要是因为这些小事如雨后春笋般冒出来时，会打断我们已经安排好的或正在进行的重要工作的工作节奏和工作状态。通常，我们都不知道小事何时会出现，它们基本上是脱离日常计划的，而且没有规律地分布在各个时间段和工作计划中。比如，我们正在写一份重要的工作报告，文思泉涌之际，老板突然叫我们出门去寄一份快递。这肯定会影响我们写报告的心情和状态，我们会感到烦躁，虽然不乐意，但是不得不立刻放下手中的报告出门。回来后再继续写报告，思路可能就不如寄快递之前那么流畅了。

有时候，事情越烦琐，处理起来越不容易，一些很小的事情同样会耽误我们很多时间。接着，我们会发现这些小事处理起来没完没了，导致我们浪费了大量的时间在一些无关紧要的小事上。但这并不意味着我们就可以抛弃这些小事，我们要做的是对这些小事进行合理的规划，重新确认自己的工作流程，以确保这些小事不会成为破坏因子而干扰工作。

集中处理小事是时间管理中一个很有效的方法，它要求我们将各种分散的任务集中起来处理。这样不仅不会影响我们处理那些重要的任务，还会节省很多时间。

温馨小提示

在集中处理小事时需要注意以下事项。

- 把集中起来的小事尽量放到最后处理，优先完成那些重要的工作。
- 控制好预留时间，不要分配过多的时间给这些小事。
- 给这些小事也制作清单。

第三章 神奇的番茄工作法

番茄工作法风靡已久，小原理藏着大作用。本章将揭开番茄工作法的真面目，为我们使用番茄工作法提供详细的指导，并指明如何应对中断现象，以及如何将番茄工作法融入日常工作中。

带着以下疑问阅读本章

- ❖ 什么是番茄工作法？
- ❖ 番茄工作法适合哪些人？
- ❖ 你常常遇到中断现象吗？
- ❖ 如何将番茄工作法融入你的工作中？

读完本章，你能收获什么

- 能够了解番茄工作法的基本原理。
- 能够学会正确运用番茄工作法。
- 能够学会保护番茄时钟，对抗中断。
- 能够了解如何将番茄工作法融入工作中，不再每天加班。

第一节 助跑：三分钟了解番茄工作法

番茄工作法在职场中风靡已久，这是因为它是拖延症患者的福音，它的神奇魔力能使我们的工作更高效。番茄工作法的本质=3张表（活动清单+今日计划+记录表）+25分钟。我们先花一点时间来看看番茄工作法是什么。

一、番茄工作法的基本原则

你在工作时是不是会有这样的痛苦：工作没有效率，总是没精打采，注意力不能集中，说是加班到深夜，实际上也没完成多少工作。

1992年，一个名叫弗朗西斯科·西里洛的年轻人也遭遇了同样的问题，在之前的几年里，他在学习上遭受挫折，缺乏效率让他的身心倍感压力，心情十分沮丧。但他和我们不同的是，他开动脑筋寻找到了解决方法，这不仅解决了他自己的问题，还使无数因为效率问题而痛苦的人获益。

一天，痛苦中的弗朗西斯科·西里洛在厨房里利用间隙时间思考自己如何才能提高效率，尽快完成任务，这时厨房角落里一个红色的、酷似番茄的计时器给他提供了灵感——这是一个厨房计时器。用计时器来监控自己，也许能够解决效率问题。

这个方法果然大有裨益，给弗朗西斯科·西里洛带来了极大的帮助。从此以后，他学习和工作的效率都有了极大的提高，他再也不用为自己的效率问题而日夜受煎熬。很幸运的是，这种方法渐渐传播开来，为越来越多的人所使用，而直到今天，番茄工作法仍是一种经典的、有效的、流行的时间管理方法。

番茄工作法为何能流传开来，为世人所接受和喜爱呢？这是因为番茄工作法一点也不复杂，它能真正帮助我们提高工作效率，让我们和时间成为朋友，不再为时间问题而烦恼。而我们需要做的是，按重要顺序简要列出当天需要完成的任务，定下若干个 25 分钟的番茄时钟，并为每个 25 分钟留下 5 分钟的休息时间，然后开始一个又一个完成任务。当时钟响起时便开始休息，即使中断也没有关系，休息结束后继续完成任务即可。在番茄时钟一个个被消耗以后，我们会发现，自己的工作和以前相比居然提前完成了。

番茄工作法的原理在于，**首先**，它运用倒计时的方法，巧妙地调动了人们的紧迫感，提升了专注力。由于时间观念不强，我们在工作时经常会去做些无关紧要的事，而倒计时无疑为我们敲响了警钟，提醒我们再不工作，25 分钟就没有了。

其次，从学习周期的角度来看，一个番茄时钟一般为 25 分钟，再结合 5 分钟休息时间，有助于大脑专注思维和发散思维的有力配合。再加上当完成多个番茄时钟时，我们会分配更多的时间去休息和调整，使大脑的使用不会过度，同时也能有效缓解压力。

最后，番茄工作法的原理和管理学中的戴明环理论有着很大的联系，这更加说明了它的科学性。它需要不断制订计划，实施计划，反馈检查，改进完善，再制订改进后的新计划，这是一个不断完善和自我进化的过程。

> **温馨小提示**
>
> 戴明环又称PDCA循环，是美国质量管理专家休哈特博士首先提出的，由戴明采纳、宣传，获得普及。它在管理学中的作用十分重要。PDCA循环的含义是将质量管理分为四个阶段，即计划（plan）、执行（do）、检查（check）、处理（act）。要求把各项工作按照做出计划、实施计划、检查实施效果，然后将成功的纳入标准，不成功的留待下一循环去解决。

二、什么样的人需要番茄工作法

1. 有自己的工作清单，却无法很好地完成的人

在工作时列清单无疑是一种很好的习惯，但如果无法落实，那么列清单也只是"多此一举"。

有的人一有了新目标就会马上列一大堆不符合自己实际情况的清单，但列清单并不是一件简单的、随随便便的事，它需要经过用心思考，找出其中重要的、和目标相关的事。否则，既会给自身带来很多无形的压力，又会因为一个劲儿地列清单占用很多时间，造成时间的浪费。此外，一旦开始具体实施这样拥挤不堪的清单，只能造成工作中重要的事情没有做，无关紧要的"小事"却做了很多，由此陷入一种高耗能、低产出的"魔咒"。长此以往，后果不堪设想。

番茄工作法会使我们在列清单时更深思熟虑，它不仅需要我们找出自己的待办活动，还需要具体到每一天的安排，从待办活动中选择今日需要完成的任务，更科学也更灵活。它还可以帮助我们投入工作中，让我们变得更自律。

2. 希望可以改变自己的拖延症患者

拖延症现象在我们的工作乃至生活中已屡见不鲜。拖延症是指自我调节失败，在能够预料后果有害的情况下，仍然把计划要做的事情往后推迟的一种行为。一旦养成拖延的不良习惯，不仅会影响平时做事的效率，而且会给自我的身心健康带来消极影响，如巨大的压力造成自我否定、情绪焦虑。即使拖延症最开始只出现在各种小事上，但日积月累，也会影响个人发展。

拖延症患者亟须进行时间管理，而番茄工作法是帮助他们改掉拖延习惯的一种十分有效的方法。只要愿意改变，番茄工作法就能使他们不再焦虑。

3. 注意力不能集中、容易陷入时间黑洞的人

很多人迫切地渴望改变，却总是把时间浪费在无意义的事情上，很容易就会陷入时间黑洞。面对时间黑洞，番茄工作法能够帮助我们更有效地控制自己。在使用番茄工作法时，我们能更有意识地专心于眼下的工作，计时器也能给我们更多的紧迫感，让我们不至于陷入时间黑洞而不自知。

三、工作中如何正确运用番茄工作法

千万别把番茄工作法想得太复杂，它需要的不过是一个计时器、一支笔、三张纸而已。现在市面上还有很多 App 可以直接替代上述工具，也就是说，只需要一部手机就可以随时随地用番茄工作法进行工作。

运用番茄工作法一般需要以下四个步骤。

（1）计划。这一阶段是正式按下番茄时钟之前的准备工作，它主要是

围绕两张清单进行的。其中一张是活动清单，包含近期所有需要处理的任务；另一张是今日计划清单，记录实施当天具体需要完成的工作任务，这些任务是从活动清单中选取出来，并按照重要顺序和紧急程度排列的。

活动清单

（1）完成新产品设计图
（2）进行市场调研
（3）写项目分析报告
（4）从网上收集用户意见
（5）和李经理完成项目对接工作
（6）做新产品介绍PPT
（7）开会向同事介绍新产品卖点
（8）写月末工作总结

今日计划

工作1	进行市场调研
工作2	完成新产品设计图
工作3	做新产品介绍PPT
工作4	从网上收集用户意见

备注："○"表示番茄时钟数量，"√"表示完成工作，"/"表示中断次数。

（2）跟踪。也就是正式开始使用时钟的初始阶段。今日计划如果不执行，就只是一张废纸，所以我们有了计划清单以后一定要投入实际行动。从今日计划表中选择第一项任务开始完成，在开始的同时定好第一个25分钟的番茄时钟，按下计时器。

在进行第一项工作时，需要做的就是专心致志、心无旁骛地工作，尽量不让自己被任何人、任何事打扰，直到25分钟结束，不管这项工作是否完成。只要我们坚持了这25分钟，就完成了第一个番茄时钟。计时器一响，就再设置5分钟休息时间，开始放松、自我调整。在休息过程中要尽量让自己处于完全放松的状态，不要处理跟工作相关的任何事情。休息的方式包括喝杯水、站起来在办公室或家里走几圈、思考晚上的菜单等，但最好不要做一些会使我们陷入时间黑洞的事，避免一不小心沉浸在这件事中，以至于超过了5分钟自己还不知道。

在每个25分钟的时间段内，我们可以将被打断的次数记录在清单上。比如，在今日计划清单中，任务每被打断一次，可以在任务后面加一个"/"。

休息完5分钟后，马上按下计时器重新进入下一个25分钟的工作时间。如果上一个任务还没完成，就继续完成上一个任务；如果已经完成，就开启下一个任务。25分钟一到，再休息5分钟。以此类推，直到完成今日计划清单上安排的所有工作。

（3）记录与统计。不要以为当天的工作做完了，番茄工作法也就结束了。番茄工作法还需要记录和反馈信息，以期帮助我们使未来使用的效果更好。在做完今日计划清单上的工作后，再拿出另一张纸，命名为"记录表"，对当天今日计划清单中的原始数据进行记录与统计。例如，统计每个25分钟里被打断的次数，以及当日完成的番茄时钟个数等。

记录表

编号	番茄时钟个数	中断次数
	时间：	
工作1		
工作2		
工作3		

续表

时间：		
编号	番茄时钟个数	中断次数
工作4		
总计		

（4）可视化。这一环节是将记录表中的数据以更直观的方式呈现出来，以便我们从中观察和总结可以改进的地方，也就是形成反馈并且加以改良。比如，我们可以把记录表中的数据做成一张曲线图，分析在哪个阶段被打断的次数最多，然后找出对策并积极调整，以保证我们可以获得最佳的工作状态。

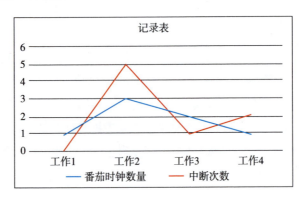

四、活动清单与今日计划

要想真正用好番茄工作法，第一步也就是奠定基础的一步，是要保证制订的活动清单和今日计划要合理。

1.活动清单

活动清单主要是针对我们近一段时间工作的整体情况制订的任务清单，包含近期我们所有的目标和计划。活动清单比起今日计划更加宏观、全面，它的意义在于，当我们列举出这段时间内的一项活动时，就等于我们决定暂时放弃其他能够做的或是需要做的很多个活动。所以，就算更宏观的活动清单也不能随意列举，而要经过精挑细选，确保这些事情是真正重要的。

活动清单中的任务来源于我们近期的目标。根据目标来确定任务，这样的活动清单才会更有针对性，稳定性也更强。虽然后期可以更改活动清单，但是过多的变动可能会造成工作的混乱，所以要尽可能地保持工作清单的稳定性。

在制订活动清单时，要想一想近期的目标，这些目标最好是几天或者一两周就可以完成的，然后确保活动清单上的任务绝大多数对我们实现目标是有益的。我们需要做的是把这些目标转化成活动记录下来，不必考虑优先级，也不必写出具体做法，可以写成活动结束时需完成的状态。比如，完成新项目的计划和实施工作，成功卖出 10 件新产品，设计一款新游戏，将 Photoshop 的能力提升一个水平。

此外，还需要注意的是，活动清单切忌长篇大论，这样既浪费书写的时间，看起来也费力，只要自己能够正确理解即可。也不用刻意缩写成一个形式，或是过多地考虑其他人是否能看得懂。

制订活动清单时需要注意以下几点。

（1）有些任务不适合用番茄工作法。

不是所有任务都适合用番茄工作法来完成。通常情况下，会有一些突发性事件或者零碎的小事需要我们处理，这些事就不适合用番茄工作法来完成。只用几分钟就可以完成的工作尽量将它们集中起来完成，而不是零散地放入番茄工作时间里。番茄工作时间内也不要去做和工作关系不大的小事，而是要将它们放到休息的 5 分钟里去解决。

（2）可以在活动清单中为某些任务设定截止日期。

有些任务很重要但是它们不是一时半会儿就能完成的，而是需要我们投入更多的时间和精力。很多人因为有拖延症，临近截止日期才开始进行任务，但那时往往已经来不及做完了。所以，可以在活动清单中设定截止日期，最好具体到某一天某一个时间点。

2.今日计划

活动清单是今日计划的基础，有了活动清单后，在实施计划的当天，就可以从活动清单中选出当天所要完成的任务，并按照重要性排序。

不要以为今日计划是多此一举，和活动清单相比，今日计划有以下几个特点。

从内容上来看，活动清单的内容更多，包含了近期所有的任务，在使用时缺乏一定的系统性。而今日计划只选择实施当天能够完成的适量的内容，我们能够按照当天的具体情况来安排任务。此外，今日计划上的任务是按照其重要性和紧急性排列的。

从作用上来看，活动清单更加宏观，它让我们对自己的目标有了一定的认识，然后通过清单来提醒自己，并且在使用中可以不断添加、完善。而今日计划主要是针对具体实施的某一天而言的，通过它我们可以知道自己当天该做什么，哪些事情该放在前面做。

制订今日计划时也有几点需要注意。

（1）从活动清单中选取的内容要合理，不要太多也不要过少，而且**要优先选择第一象限和第二象限的事**。人们总会有一个倾向：会选择那些简单容易的事来做，我们要尽量避免这种做法。即使活动清单中的事情都很重要，也会有一个优先级，在制订今日计划时一定要注意。

（2）**给今日计划表留下足够的空白区域**。在工作结束后，我们还需要在今日计划上记录使用的番茄时钟个数、任务完成情况、中断次数等信息，所以要注意，不要让今日计划表上的内容太满，要留下足够的空白区域。

现在你也赶快动手制作属于自己的活动清单和今日计划吧！

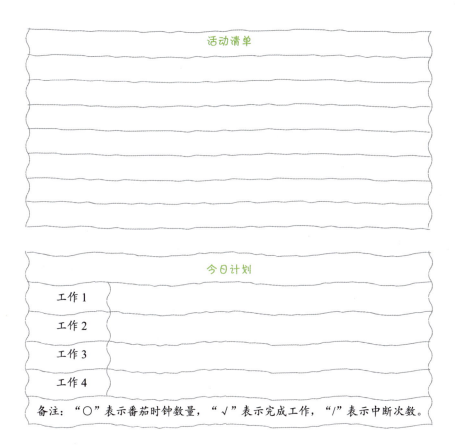

第二节 坚持：中断了也千万别慌张

当我们学会了番茄工作法并投入实践时会发现一个新问题：我们的注意力总会被这样那样的事所打断，根本无法保证每一个 25 分钟都在认真、连贯地工作。比如，我们正准备写报告，在构思怎么写时，一位同事忽然来请教一个棘手的问题，帮助他解决完问题后，刚动笔 3 分钟领导又通知我们去办公室讨论问题……在使用番茄工作法的过程中遭遇到中断现象是很正常的，无须过度惊慌，更不能立即就放弃了番茄工作法。

在使用时有一些中断不会影响整体使用效果，而且当我们意识到自己中断后，可以通过各种途径慢慢改善中断现象。因此，我们只需用平常心去看待它，接受它，并积极地寻找方法去减少它发生的次数即可。

一、内部中断与外部中断

要想减少中断次数，首先我们需要了解中断的原因。番茄工作法中的中断主要有两种：一种是由于自身注意力转移造成的"内部中断"，另一种是由外界信息干扰造成的"外部中断"。

1. 内部中断

内部中断主要是由自己造成的，在工作中我们无法控制自己的心智，进而从专心的状态中抽离出来，将注意力转移到其他事上去了。

每个人都不是机器，不可能完全控制自己，因此会出现内部中断的现象。比如，刚坐下准备工作，还没有进入工作状态，突然感觉自己口渴，于是去茶水室接水喝；工作到一半突然想看看新闻，于是拿起手机看看新闻、刷刷微博；快到中午了，想了想决定今天吃外卖，于是拿起手机开始浏览外卖网站……

这些都是我们意志力不够强时，由大脑给出做其他事的信号造成的，是由自身原因造成的中断。或许是因为我们认为手上正在完成的任务太困难或过于复杂，不想花精力和工夫去完成；或者是因为受到外部的压力，产生了恐惧，担心完成不好工作，受到领导的指责。以上各种原因让我们选择了去完成其他简单的事件来作为逃避的借口。

2. 外部中断

外部中断的主要原因在于，外部环境对我们造成的干扰有一些是不能避免的，但并不是说我们完全无法改善。

客户打电话向我们咨询一些与工作无关的事情，我们不得不与他闲聊和沟通；老板突然给我们布置紧急任务，我们只能打乱自己今天的计划；老同学发来信息，一旦我们拿起手机查看就意味着又多一次中断。

所以，意志再坚定的人，都会面临任务被中断的风险，我们作为公司团队的一员或者说社会中的个体，不能简单地忽视这些"打扰"，这可能会造成我们人际关系的恶化，或是落个"不注重团体协作"的坏名声。通常来说，我们要尽可能地杜绝内部中断，同时也要寻求机会将外部中断转化为流程性事务。

二、保护番茄时钟大作战

虽然在使用番茄工作法时中断是常见的，但我们不能任其发展，否则番茄工作法产生的作用将大打折扣。

还记得番茄工作法的三张清单吗？实际上，它们的作用就是记录、反馈、改善中断。

在今日计划清单中记录下所有的中断，以便我们更好地了解自己的专注情况，不过需要注意的是，不要浪费大量时间在记录上。

在可视化的表格中，我们可以清楚地看见每个番茄时钟中断的次数，这时可以为这张表格增加一张附录，这张附录的功能就是简要记下每次中断是内部中断还是外部中断，以及中断的具体原因。

下面这个表格是刚开始使用番茄工作法的职场人士的中断记录。

中断 1	内部中断：聊微信
中断 2	外部中断：客户来电
中断 3	内部中断：看淘宝
中断 4	内部中断：聊微信

续表

中断5	外部中断：开短会
中断6	外部中断：发重要邮件

从表中可以看出，这位职场人士的注意力还不够专注，出现了多次内部中断，外部中断的问题也需要寻找方法解决。

记录下中断的次数和原因后，我们就可以对症下药了。如果经常是因为内部原因而中断，那么我们就应该提升自己的专注力和行动力。

下面是抵抗内部中断的一些技巧。

（1）当我们想停下手里的工作去做其他工作时，就把想做的事记录在今日计划上，等待25分钟的番茄时钟结束后，再马上完成想做的其他工作或是将其安排在下一个番茄时钟内（前提是这项工作需要花费较多时间）。实际上，当我们去记录时就已经产生了一个中断，因此我们需要在今日计划上加一条斜线作为一次中断的记录。

（2）如果只是想休息、喝杯水、看手机、浏览社交网站，那么要提醒自己这25分钟马上就要到了，将这些事尽可能地放在休息时间去做。如果实在忍不住而中断了也没关系，同样将它们作为一次中断记录在表格中，而不要过分责怪自己，甚至轻易放弃这一次番茄时钟。

解决外部中断和内部中断的做法类似，也是重在记录，但二者仍然有一些不同。

（1）当有人企图用不重要的事打扰我们时，我们可以委婉地回绝他，如"请等一等，我正在使用番茄工作法""十几分钟后我去找你吧"。

（2）在使用番茄时钟前，最好将电话调成静音，将电子邮件、通信软件等关闭，这样可以减少一些干扰。

（3）如果有电话打来，不是非常紧急的来电，可在休息时间或是安排专门的时间一起处理。

第三节　将番茄工作法融入工作日中

具体应该如何在工作中实施番茄工作法呢？中断了又要做些什么呢？本节将为大家解答这些疑问。

一、用番茄工作法抵挡时间黑洞

Andy 是一名番茄工作法达人、职场高效人士，我们跟随着她的步伐，来看看番茄工作法的具体运用方法吧。同时，也建议大家将这些方法投入实践，这样才能真正体会到番茄工作法的妙处。

在正式开始前，我们需要制订好活动清单和今日计划，来为番茄工作法做准备。

首先是活动清单，Andy 的活动清单通常一周更换一次，在每周开始时会制订好活动清单，并且会根据实际情况在需要时进行删改。下面是 Andy 最近一周的活动清单。

活动清单
（1）进行市场调研
（2）汇总数据，分析数据
（3）小组讨论，形成调研报告
（4）召开会议
（5）根据报告制作 PPT
（6）完成会议总结
（7）给客户发送产品目录

在每天晚上睡前，Andy 会先确认活动清单是否需要添加，然后从中挑选工作任务将它们放置到新的今日计划表格中，这张表格就代表着第二天需要完成的工作。比如，第二天的工作主要是调研后分析数据，就选择活动清单中的前三个待办事项放在今日计划里。此外，和客户的沟通也同样重要，也要放入今日计划当中。然后将这些工作按照事件的重要性和紧急程度排序并填入表单内。

今日计划
工作1：进行市场调研
工作2：汇总数据、分析数据
工作3：小组讨论，形成调研报告
工作4：给客户发送产品目录
备注："〇"表示番茄时钟数量，"√"表示完成工作，"/"表示中断次数。

完成了两张清单的制作，也就表明番茄工作法的第一阶段（计划阶段）完成了。当工作时间到来之际，就可以进入下一阶段了。

Andy 到达公司后，拿出制订好的今日计划，选取表格中的第一项工作来做。设置了一个倒计时 25 分钟的计时器，设置之后不用管其他的事情，只需全心全意进入工作状态，投入第一项工作任务中即可。

虽然第一项工作还没有完成，但计时器响起时，就要停下手上的工作。在刚才的 25 分钟里如果有了中断，不管是内部中断还是外部中断，都需要暂时记录在今日计划中。

```
―――――――――――――――――――――――――――――――――――――――
                    今日计划
工作 1：进行市场调研 ○
工作 2：汇总数据、分析数据
工作 3：小组讨论，形成调研报告
工作 4：给客户发送产品目录
备注："○"表示番茄时钟数量，"√"表示完成工作，"/"表示中断次数。
―――――――――――――――――――――――――――――――――――――――
```

温馨小提示

也许你会产生疑问：番茄时钟一定要设置为 25 分钟吗？当然不是，虽然 25 分钟是推荐的时长，但我们可以结合自己实际的需要和具体的环境来进行调节。很多番茄工作法 App 也是可以调节番茄时钟的时长的。

比如，我们在上班时间很容易遭遇外部中断，给我们使用番茄工作法带来一定的阻力。这时可以选择适当缩短番茄时钟的时长，使自己的时间更灵活。使用更短的时长，反而更容易让我们集中注意力。

如果我们在两个事件之间有一个固定的时间段，如 40 分钟，那么在使用这个时间段工作时，可以将番茄时钟调整至适合这一时间段工作的长度，这样会更有效率，避免在这段时间内无所事事。

但要注意的是，因为这个番茄时钟是 40 分钟，跟其他 25 分钟的番茄时钟不同，在记录阶段需要备注清楚。

总的来说，我们还是应该尽量执行 25 分钟的番茄时钟，因为它是在实践中得到了证实的合理时间。

到了第一个休息的 5 分钟,Andy 眺望了一下窗外,休息了一下眼睛,然后去茶水间喝了一杯水,最后给同事传递了一份文件。5 分钟一到,Andy 跟刚才一样设置好倒计时 25 分钟的番茄时钟,继续工作。在工作的途中有客户给她打电话,她不得不接听电话处理了这个问题,在通话结束后,Andy 忍不住又查看了手机上的社交软件。

很快 25 分钟过去了,这项任务本来就需要花费较长时间,加之其中又有一次中断,Andy 没能在 25 分钟内完成。但根据规则,Andy 还是停了下来,并在今日计划中工作 1 后面画了一个圈和一条斜线,这表明这项任务又花费了一个番茄时钟,其中被打断了一次。

今日计划

工作1:进行市场调研 〇〇/

工作2:汇总数据、分析数据

工作3:小组讨论,形成调研报告

工作4:给客户发送产品目录

备注:"〇"表示番茄时钟数量,"√"表示完成工作,"/"表示中断次数。

接着休息 5 分钟,在这 5 分钟里,Andy 回了一个朋友的来电,并静坐了一会儿。之后再开启下一个 25 分钟,在这个番茄时钟内,Andy 被打断了两次。

通过三个番茄时钟,Andy 完成了该项工作,于是她在旁边又画了一个圈,然后又画了两条斜线,最后打上钩。表明这项工作用了 3 个番茄时钟才完成,其间被中断了 3 次。

今日计划
工作1：进行市场调研 ○○/○//√
工作2：汇总数据、分析数据
工作3：小组讨论，形成调研报告
工作4：给客户发送产品目录
备注："○"表示番茄时钟数量，"√"表示完成工作，"/"表示中断次数。

以此类推，用同样的方法，Andy在接下来的时间里完成了她的今日计划中的任务，并在表中做了标记。

今日计划
工作1：进行市场调研 ○○/○//√
工作2：汇总数据、分析数据 ○//√
工作3：小组讨论，形成调研报告 ○○√
工作4：给客户发送产品目录 ○/√
备注："○"表示番茄时钟数量，"√"表示完成工作，"/"表示中断次数。

接下来进入记录与统计阶段。下班回家后，Andy拿出另一张纸，命名为"记录表"。Andy用这张表对今天的原始数据进行了记录，并在可以避免的一些中断处做了批注，以便下次能更好地避免不必要的中断，提高规定时间内的工作效率。记录表可以重复使用，一张表可以用很多天。

编号	使用番茄时钟个数	时间：中断次数
工作1	3	3
工作2	1	2
工作3	2	0
工作4	1	1
总计	7	6

最后一个阶段是将记录转化为图表，这样就可以直观地看到自己使用番茄工作法的效果。下图便是Andy一天的工作记录转化的图表。

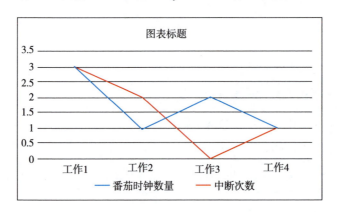

二、工作日不再是"加班日"

为什么番茄工作法如此受欢迎？主要是因为我们的惰性使我们的工作被无限地拖延，导致工作效率低下，最后不得不通过加班来弥补，而番茄工作法可以有效地改善这种情况。

怎样才能使工作日不再变成加班日呢？

首先，给自己一个充满激情的目标，把所有关注点都放在这件重要的事情上，然后用足够的精力去完成它。也就是说，我们要通过帕累托法则找到最重要的事，然后投入其中。前提是，要搞清楚哪件事或哪几件事对于自己的工作是至关重要的。

其次，适当减少整体工作时间。并不是说工作时间越长就越好，我们需要在一个工时内创造出更大的价值。把整体的工作时间适当压缩，是为了让我们把精力投入重要工作中，进而有效减少烦琐性工作所占用的时间。

对于很多人来说，"截止日期"会不断督促他们专注于手里的工作，因此我们要谨慎控制自己的任务，做选择时要有所侧重，同时也要能简单干脆地拒绝别人给自己的烦琐性工作。

虽然我们无法主动选择提前下班，但我们可以在心里给自己设定下午五点半完成手头所有工作，然后用剩下的时间核查工作，并为第二天的工作做好计划。这样一来，我们的工作效率会得到大大提升，我们还能获得一些可以供自己自由支配的时间。

所以，现在就开始使用属于自己的番茄工作法吧。

第四章 单核工作法：治愈你的拖延症

除了番茄工作法外，还有一种看似与之相似、实则大不相同的方法能够帮助我们提高工作效率，对抗拖延症，这种方法就是单核工作法。单核工作法以保持注意力为核心，要求把精力聚焦到唯一的关键任务上，特别适合任务不多并且可自由调换顺序的职场人士使用。

本章为大家介绍单核工作法的原理，以及如何使用单核工作法，以期帮助大家和拖延症说再见！

带着以下疑问阅读本章

- ❖ 单核工作法的五大原理是什么？
- ❖ 你适合单核工作法吗？
- ❖ 为什么要削减任务？
- ❖ 如何削减任务？
- ❖ 如何通过单核工作法抵抗拖延症？

读完本章，你能收获什么

- 能够了解单核工作法的基本原理。
- 能够学会简化任务，精简清单。
- 能够学会使用单核工作法对抗拖延症。

第一节 起航：五分钟了解单核工作法

问自己此时最应该做什么，找出比较重要的事，然后在快捷清单上写下最多五项待办任务。把快捷闹钟设置到下一个整点或半点，选择清单中最重要的一项任务开始工作。当闹钟响起时稍作休息，之后进入下一个循环。这就是单核工作法。

"快捷清单""单核时间段""全景闹钟""全景时间段""颠倒优先级"是单核工作法中我们需要抓住的关键工具和方法。接下来从单核工作法的基本原理入手，来一步步探索单核工作法的力量。

一、单核工作法的五大原理

单核工作法的五大原理
- 原理一：已经开始的任务会被保留在我们的脑海里，占据我们的所思所想，直到被完成
- 原理二：多任务切换不仅会拖慢速度，而且会造成大脑能量的消耗、精力的枯竭
- 原理三：区分优先级非常重要，在每个时段要选出当前最重要的事来做
- 原理四：保证充足的休息和睡眠，勤于锻炼身体，吃健康的食物——我们必须通过这些事情来保持自己的精力，这样才能在日常工作中保持高效
- 原理五：适应环境很重要。要结合实际情况、个人的经验，一点点实践，没有固定不变的标准

在开始使用单核工作法前，了解它的基本原理是有必要的。知道单核工作法从何而来，能帮助我们更好地使用它。

原理一：已经开始的任务会被保留在我们的脑海里，占据我们的所思所想，直到被完成

在日常生活中，你有观察周围人或物的习惯吗？心理学研究员布鲁玛·蔡加尼克就很喜欢在闲暇时间对周围的环境进行观察和反思，也正是由于这个习惯，她才能在一家餐厅里发现一个改变人们效率的原理。

一天,她和朋友在一家餐厅吃饭,偶然间她发现,当客人吃完饭打算结账离开时,餐厅的服务员都能清楚地记得客人之前点了哪些菜,这让她感到很神奇。即使客人在餐厅待了很久,加了多次菜,餐厅的服务员也能记起所有细节。

但是当她在结账半小时以后,再次去请服务员回忆账单上的内容时,服务员却一脸茫然,再也回忆不出任何细节。服务员的回答是:"我想不起你点了什么,因为你已经结账了。"在结账之前,客人点的餐会一直保留在服务员的脑子里;一旦结了账,客人点了什么就不需要再被服务员记住了。

为了通过科学实验来进一步证实她的理论,在1927年,蔡加尼克请志愿者来帮助她进行了一系列有关记忆的实验。她给参加实验的每个志愿者均布置了20个左右难易程度不同的任务,如写一首自己喜欢的诗词、做手工活儿、完成拼板、演算数学题等。完成这些任务所需的时间是大致相等的,但她没有告诉志愿者,其中一些人在完成某些任务的中途会被打断,他们也不知道这些打断是故意的。

在实验过程中,其中一半任务顺利地完成了,而另一半任务在进行的中途被打断,志愿者被要求停下来去做其他的事情。实验结束的时候,蔡加尼克要求每一位志愿者回忆自己在实验中所做过的事情。结果十分有趣,在被回忆起来的任务中,有68%的是被中止而未完成的任务,而已完成的任务只占32%,人们记住的未完成的任务数量是已完成任务数量的两倍多。蔡加尼克在餐厅的发现在科学上也得到了证实,这种对未完成工作的记忆优于对已完成工作的记忆的现象,被称为"蔡加尼克效应"。

出现这种结果是因为,我们在做一件事情的时候,心里会产生一个张力系统,这个系统往往使我们处于紧张的心理状态,事情将一直存在于我们的脑海里。当工作任务被中断的时候,紧张状态并不会马上结束,仍然会维持一段时间，未完成的工作任务仍然会压在我们心头。而一旦这个任务完成了，这种紧张的状态就会得到放松，大脑也会主动屏蔽这些任务，使关于这些任务的记忆力大大减退。

原理二：多任务切换不仅会拖慢速度，而且会造成大脑能量的消耗、精力的枯竭

"行动切换"是造成时间白白流逝的罪魁祸首之一，而且会产生一定的时间成本。

比如，我们正在构思一份报告，好不容易有了想法开始动笔了，这时领导安排我们去接待一名来宾，时间就在我们更换任务时溜走了。行动切换时，大脑需要经历两个过程：一个是目标的转化，从一件工作转移到另一件工作；另一个是要为新任务创建场景。

通常，我们将行动切换花费的时间分为前置时间和后置时间。例如，在我们去接待来宾前需要花时间保存报告，离开办公室需要时间，进入一个新的工作场景也需要一定的时间，这就是前置时间。后置时间是我们回到刚才的情景所需的时间，实际上我们不可能马上回到之前正在写报告时的状态，刚才接待来宾的工作可能还残留在脑海中。我们还需要解锁电脑，把报告前面的内容再浏览一遍，并再次厘清思路。

不停的切换工作任务还会造成犯错误概率的增加。当我们反复清除前一段工作记忆，不断试图进入新的工作场景时，就无法建立好的工作根基，任务越复杂，在切换中产生的错误就越多。

原理三：区分优先级非常重要，在每个时段要选出当前最重要的事来做

我们的工作任务并不总是一成不变的，最重要的任务可能会存在变数，有时候实际花费的时间和预计的情况会不一致，有时候会有新的更重要的任务出现。

从单核工作法来看，我们应该对工作任务加以限制，只让几项重要的工作成为当前的待办任务，这样大脑会轻松一些，我们的精力才能更集中。正是基于此，单核工作法才能以单核时段、全景闹钟以及快捷清单为工具，为我们提供简易有效的方法，节约我们的精力，让我们更高效地工作。

原理四：保证充足的休息和睡眠，勤于锻炼身体，吃健康的食物——我们必须通过这些事情来保持自己的精力，这样才能在日常工作中保持高效

我们的注意力是有限的，长时间保持高效工作十分困难，而且长时间一成不变的工作也不利于思维的开阔，相反，在休息时间，我们更容易发散思想，产生新的见解。因此，每工作一段时间就需要休息一会儿。休息时间也提供了机会，让我们对当前的工作内容和工作效率进行评判，更好地根据优先级进行取舍。

健康的身体是获得良好精力的保障。通过锻炼，我们可以获得更好的体能，创造性思维也可以在锻炼时得到增强。我们都知道，饿着肚子时工作效率不会太高，但摄入过多的能量会导致大脑缺氧，只有保持饮食多样、营养丰富，才能让我们近期的工作效率得到提高，保持长期的生产力。

原理五：适应环境很重要。要结合实际情况、个人的经验，一点点实践，没有固定不变的标准

在职场中，我们会发现自己身处的环境错综复杂，改变一直都在发生。我们要适应这种变化，让自己融入新环境，不断学习新知识，提高自己的各种能力与工作效率。

这五大基本原理就是单核工作法的核心，我们要从它们入手，以便掌握单核工作法的方法。

二、你适合单核工作法吗？

单核工作法实际上是由单核和全景两部分组成的。在使用单核工作法时,我们需要一整天不停地在单核模式和全景模式中切换,当然,两者之中会有适当的休息时间。

在单核模式下,意味着我们只需聚焦一项任务,一心一意执行这一项任务,把其他的任务全部推走。因此,实行单核工作法时最好避免有太多的紧急事件、临时任务来扰乱。如果我们的工作比较"杂",也就是需要同时处理多项任务,可能会不断有新任务"插队"进来,那么在这段时间,最好放弃单核工作法。

全景模式则是在告诉我们,要从整体出发,从全局出发,选择当前最重要的事。在这里,单核工作法同样也运用了要事优先法则,以最重要的任务为核心,从全局中找到当前最应当关注的焦点。此外,即使是全景模式,我们所要纳入单核工作法完成的任务数量也不能太多,原则上不要超过5项。如果当前手中有10项待办任务,那么我们需要先把其中5项不那么重要的放置到一旁,再把另外5项写进清单。即使手里只有6项任务,也不要抱着"只是多了一件"的心理,选择5项就足够了。

单核工作法的确更适合那些需要高度集中注意力的工作者。有些工作需要我们专心致志、注意力长时间高度集中才能完成。相较于番茄时钟固定的"25分钟",单核工作法的全景时钟要更灵活一些。比如,手里的任务要40分钟才能完成,如果使用番茄时钟,那么会将任务中途打断,而面对这项单核任务,全景时钟则可以根据情况被我们设置为40分钟或45分钟,从而保持我们完成任务的节奏和状态。又如,我们在38分钟后有个会议,使用单核工作法的话,我们就能够轻松地将这之前的38分钟纳入我们的专注时间。

单核工作法也很适合那些需要找寻灵感而不是等待灵感的工作者。在工作中,如果我们仅仅是等待灵感的出现,那么会浪费掉很多时间。进入全景模式,我们可以一边处理工作,一边用最高的注意力去探寻新的灵感,并且可以成功抓住灵感到来的一瞬间。

但是，有部分职场人士由于工作性质与工作内容的原因，无权调整自己工作任务的优先顺序，只能按部就班地完成工作，很遗憾，单核工作法和这部分工作者无缘。因为一般来说，这部分人无法使自己进入全景模式。

单核工作法的强大之处在于，它让我们在找到任务的优先级和达到专注状态之间转换。这种方法很简单，马上就能上手。

温馨小提示

你可以根据自己的需要选择是否使用单核工作法，也可以将单核工作法和番茄工作法相结合，在不同的时间，面对不同的工作时，采用更适合的方法，而不是只拘泥于一种方法。

三、全景闹钟与全景时段

计时器是督促我们工作的好帮手，它使我们产生紧迫感，让我们了解到时间的重要性，很多时间管理方法都会建议使用计时器。在使用单核工作法时，我们需要在全景模式和单核模式之间切换，因此需要提前设置好全景闹钟。

全景闹钟是为了让我们在不同模式之间切换而设置的一种定时响铃装置。一般而言，我们会在单核时段开始之前就设置好全景闹钟，通过定时闹铃提示我们单核时段已经结束，下面可以进入全景时段了。

设置了闹钟以后，我们就无须再去担心当前手中的任务是否恰当、接下来还有几个任务。因为在单核时段我们需要做的就只有一件事：抛开一切，只进行安排在这个时段要完成的唯一的一项工作。不管是各项娱乐活动，还是其他重要或不重要的工作，统统都要抛在脑后。

专注时段需要有一个固定的时长来保持节奏，但有时候太过固定反而不太方便。比如，小赵的工作是编辑视频，他编辑一个视频需要的时间通常是差不多的，那么他的专注时间就比较固定。而小周是一名编程人员，一般需要长时间的专注，并且每次专注的时长并不固定，如果将他的专注时长固定下来，那么他在编程时可能会出现巨大的错误，这对他的工作是不利的。

那么，全景闹钟应该如何设置呢？

全景闹钟一般设置在每个小时的半点或整点，便于管理，长于25分钟即可。比如，我们上午来到公司后清点任务，发现现在手中有一项任务大约需要50分钟才能完成，这时的时间是上午9:05，那么最好是将全景闹钟的响铃时间设置在10：00，既和完成任务所需的时间保持一致，又符合全景时钟设置在半点或整点的要求。

当全景时钟响起的那一刻，我们就进入了全景时段。在全景时段，我们不再去完成任务，而是进行一次思考：当前还有哪些工作需要完成，这些工作中应该优先完成哪一件？此时此刻最应该做什么？

在单核工作法中，优先处理的任务就是最重要的任务；进入全景时段，我们就可以根据实际情况来颠倒清单上任务的优先级了。不要觉得多此一举，找到最重要的任务并优先去完成它是很有意义的，拖延症的一大表现就是我们把重要的任务滞后了，最后导致重要任务变成了不能及时完成的紧急任务。

第二节 加速：削减任务，用精简制胜

没有对任务的优先级进行排列是导致我们无法高效的原因之一。东做一点，西做一点，结果时间过去了大半，一件事都没做完。当我们有很多任务要处理时，找到任务的优先级，削减清单上的任务，保留重要任务，是一种提高效率的有效方法。

一、简化任务清单，小身材才有大力量

在有些人看来，手里的工作越多，就越有价值，忙碌的人生彰显了他们的地位和价值。但我们的价值是来源于已经做完的工作，而不是将要做的工作。无意义的忙碌会大大降低我们的效率。

如果在日常工作中把时间表、计划清单安排得太满，一旦有突如其来的紧急任务，势必会造成工作时的"堵塞"，不仅打乱了自己的节奏，还会给别人带来麻烦。而适度的空闲反而能促使我们集中精力完成工作。当我们能够灵活应变时，才能按照计划表中的安排一件件完成重要的工作。

传统的待办清单并不适合单核工作法，它们的长度惊人，一眼看过去根本不知道最近的工作重心在哪里，有些内容甚至和当前的工作进度并无关系。因此，过多的任务会使我们寸步难行，而且带来的压力也会让我们无法承受。

在单核工作法中，提倡使用快捷清单。快捷清单作为单核工作法的

核心，是不可或缺的一个环节。在快捷清单中，我们最多只能存放5件当前最重要的、需要优先完成的任务。如果现在有一件新的重要又紧急的任务出现，需要把它加入快捷清单中，那么就必须删除快捷清单中原有的一项任务。快捷清单上的任务不够5件也无妨，但多于5件是不行的。

此外，快捷清单上的任务所需的完成时间也不要过长，尽量保持在一个小时之内，如果真的需要长时间才能完成此项工作，那么可以尝试着把任务分解，分成几个部分在单核模式中执行。这是因为对于我们来说，在特别长的时间内一直集中精力是非常困难的。单核模式太长，后半部分时间内的效率将远远不及刚开始时，甚至会让我们想要放弃。

不过，仍然有一部分人会依赖于传统清单，那么除了快捷清单，再添加一张日常使用的传统清单也不失为一种好方法。但要将两种清单区分开，一种是使用单核工作法时使用的快捷清单，另一种是普通清单，对于我们的工作起着整理、提醒的作用。

快捷清单
任务一：
任务二：
任务三：
任务四：
任务五：
备注：

二、精简主义者的制胜法宝

精简主义的精髓在于，更少但是更好，精简主义者追求的永远是质量，而不是数量。

如果仔细审视我们的房间，就会发现其中充斥着大量用完的物品、根本不会再使用的物品以及能够找到更好的替代品的物品，这些物品只会使房间变得拥挤。"断舍离"的概念在如今社会被很多人提倡，有很多无用的东西早就该从我们的生活中剥离。当我们所面对的无用之物越少时，我们越能更快速、更精准地找到所需之物。在工作中也是同样的道理，对于这一点帕累托法则已经有了很好的说明。

那么，如何才能在工作中做好精简呢？

1. 选择

精简主义者会比非精简主义者花更多时间在选择上，这就是所谓的"磨刀不误砍柴工"。有的人只知道埋头干，花费了大量时间才发现自己的第一步就走错了，只能重新来过。只有找到尽可能多的选项，才能从中确定真正要做的事，从而避免做无用功。这也是单核工作法需要全景模式来帮助我们选择、决定单核模式中需要完成的任务的原因。

精简主义中需要注意的有三点：选择最重要的事；只有小部分事是重要的；能做任何事，但不是所有事。

2. 甄别

我们要在所有的选择中甄别出最有价值的事。各个时间点都有能带给我们最大价值的事，我们要仔细分析甄别出来，再投入其中。需要注意的是，这里所说的价值不仅是指当前的、眼下的利益，更重要的是指长远的、存在巨大潜在价值的利益。

有的人在工作中墨守成规，认为每天能够完成领导布置的任务就可以了；而有的人在工作中会尽量发挥自己的价值，做到有所取舍，在工作之余还通过学习来提高自己，最终走向了成功。

在日常工作中，我们每天面临很多任务，也许都可以尝试去处理，但并不意味着我们应该一一完成。完成那些重要的并且我们擅长的，才能使我们的价值得到最大限度发挥。

3. 取舍

在面临各种选择时，我们需要进行取舍，因为我们不可能做所有事。审视所有甄别过的选项，如果对努力要实现的最终目标没太大贡献，就可以舍弃，不需要面面俱到。

在工作中我们要时刻牢记帕累托法则，将重点集中在能够创造80%价值的20%的投资上，关注真正重要的事情，放眼全局，去粗取精。

第三节　和拖延症说再见

拖延症患者总是先去做一些无意义的琐事，而把稍微有些困难的重要的事抛在一旁，最终将自己置于焦头烂额的境地。

单核工作法让我们更专注于优先级高的任务，而不是把时间浪费在其他无关的事情上。

一、"拖延星人"的征兆

患有拖延症的人，不是偶尔表现出拖延行为，而是习惯性地在大事小事上存在拖延现象。因为已经形成了习惯，想要改变就很困难了。很多人都希望戒除这种习惯，却没能成功，因为这种习惯在潜意识中已根深蒂固。

人们在评估自己未来的忙碌程度时，总会产生一个想法，认为自己现在比较忙碌，而远期不会有那么多任务，即使现在不去做这项任务，远期也会有足够的时间和精力完成它。

比如,你有一份报告要写,写这份报告其实要花不少时间,在截止日期的前一周你就收到了这项任务。第一天,你拿出了报告,但没有动笔,你觉得时间还多,明天再开始写也不碍事。第二天、第三天也是同样的想法。第四天终于开了一个头,但是在遇到第一个"瓶颈"时就马上放弃了。到了最后一天,还有一大半没有完成,你不得不熬夜把它完成。因为时间不足,只能"偷工减料",上交后领导不满意,只能重新花费很多时间去修改它。

有拖延症的人注意力通常都特别分散,而且做事比别人慢很多。他们工作的时候非常容易被别的事情所打扰,经常做着做着又去做其他琐事了。

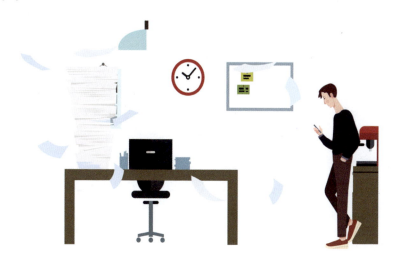

二、内在动力与外在条件

从想法到行动,中间隔着一个拖延症的距离。抵抗拖延症,我们需要内在动力对自己督促,以及创造外在条件,起到监督、鼓励的作用,两者之间又以内在动力为主。

内在动力包括以下几个方面。

（1）**目的性**。对于任何一件事，目的性越强，完成的概率就越大。当我们怀有一定的目的，十分渴望得到某样东西、实现某个目的时，就会将全身心地投入其中，这样成功的可能性就会很高。在单核工作法中，我们要正确设定自己的工作目标，通过全景模式发掘当前任务对于我们的重大意义。

（2）**自主性**。这主要表现为我们对自己的工作内容的掌控程度，当我们对自己的工作时间、工作的具体内容、工作方式等决定权越大时，所感觉到的自主性就会越强。虽然我们只是公司的一员，但我们可以主动去发挥自己的价值，这样会让自己感觉到心情愉悦，并产生很强的自信心，这时的工作动力将更充足。这也是为什么能够决定自己任务优先级的职场人士运用单核工作法时效率会更高。

（3）**收获感或满足感**。当我们能收获更多利益时，自然会有更强的动力，但这里所说的收获并不只是收获金钱、物质利益，还包括在工作中的满足感。比如，我们正在进行一项工作，不管这项工作困难不困难，我们都能察觉到自己在这项工作中获得了巨大的进步，那么我们在工作的后期便会备受鼓舞。

因此，我们可以在完成一个阶段目标或者取得某些成果的时候，适当地奖励自己，激励自己更好地完成目标，使自己走得更远，更重要的是给自己一个继续奋斗的好心情。比如，可以给自己一些实物奖励，奖励自己去吃一顿大餐，给自己买一件心仪的礼物。这种犒劳会激发我们的行动力，想想自己可以获得什么，可能就不会一直拖延了。

此外，自己对自己精神上的鼓励也是必不可少的，多对自己说"你真棒""做得不错"，也能起到很好的激励效果。

那么，该如何增加外在动力呢？

第一，可以通过寻求同伴来增加动力。这是一种督促我们坚持的有效方法，也能帮助更多的伙伴共同提高执行力，一箭双雕。比如，我们想锻炼身体，当毅力薄弱的时候，可以约一个朋友一起去健身房锻炼并相互鼓励。当其中一个人不想坚持的时候，另一个人的鼓励和热情可以有效地培养两人的毅力，也能培养一个好习惯。

虽然这个方法富有成效，但是可能会让我们产生压力，所以寻找外在帮助得来的动力效果远远比不上内在自然产生的动力。

第二，通过告知朋友、家人来寻求外界鼓励。有些人总是无法坚定自己的决心，老是给自己找借口逃避，自我谅解，对自己的每个错误和轻言放弃都说"没关系"，这样的人可能需要更带有强制性的措施。

请求别人的监督是一种很常见的方法，他们在我们完成工作的过程中会鼓励我们，如果没有完成工作，我们自己首先会感到羞愧。此外，我们还可以给自己设置一点惩罚措施，如果没有完成，就不让自己做某件想做的事，或者给监督我们的人一点福利。

三、规划过度也是拖延

在开始完成任务之前，花费太多的时间去规划也是拖延的一种。对任务的方方面面进行了规划，却没有按照规划去工作，规划就成了无意义的行为，对我们的工作没有一点帮助。原因可能有三：对这项任务的目标、宗旨等不够明确，导致规划失误；担心规划失误，不敢踏出实践的第一步。例如，很多人想去世界各地旅游，还花功夫研究了很多景点的介绍、旅行攻略，结果很长时间过去了，根本没有出门旅游过。

规划应当限定在一定的范围内，适度就可以了，一旦过了临界点，规划就变得多余了。只有开始一项任务，我们才能把它完成。对于一项较困难的任务，提前把每件事都规划好并不等于能够顺利推动进展。只要工作没有开展，我们就会感到阻力，产生拖延的心理，不想马上执行规划好的事，而是想着"再等等吧，我可以规划得更好"，结果时间全用在了规划上。

规划过度也是一种拖延,即使是再周全的规划,开始执行后我们也会发现还是有很多东西与规划相违背,需要调整,或许我们之前所做的规划一半以上都是毫无意义的。规划做得过于精细,细节太多,在实践中会更加难以落实。它完全忽略了日常工作中的意外因素和计划外事项,也忽略了机动灵活和随机应变。

所以,我们最好在一定限度内规划后,先踏上实施的道路,一边前进一边找方法,发现不足再进行调整。

回顾测试：
时间管理的方法，你了解了吗？

一、选择题

1. 四象限中哪一象限的事是应该放在最后解决的？（　　）

   A. 第一象限

   B. 第二象限

   C. 第三象限

   D. 第四象限

2. 番茄工作法四大步骤的第三个步骤是（　　）。

   A. 记录与统计

   B. 计划

   C. 可视化

   D. 跟踪

3. 以下属于内在动力的是（　　）。

   A. 目的性

   B. 自主性

   C. 收获感或满足感

   D. 以上全部

二、简答题

1. 如何才能"吞"掉"青蛙"？

2. 单核工作法的五大原理是什么？

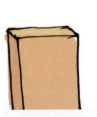

第三篇

精进篇

  如何在时间管理中有更多的精力去执行任务？如何获得专注力和行动力，使时间得到最有效的利用？如何养成好习惯，使自己的一天变得更高效？

  本篇将帮助读者回答这些问题。在进行时间管理的过程中，并不是使用了正确的方法就一定能使时间的利用价值最大化，还有许多地方需要注意。精进时间管理，让其更有效的秘密就在这一篇中寻找吧！

第五章 没有精力无以成大器

我们不仅要管理时间,还要管理精力。精力是我们完成所有工作任务的前提条件。在实现目标的过程中,我们除了要将精力转化为效率,让时间更有价值,还要珍惜当下,学会平衡工作和生活,这样才能更好地管理时间。

带着以下疑问阅读本章

- ❖ 你为自己确立过目标吗？
- ❖ 如何找到正确的目标？
- ❖ 精力为什么如此重要？
- ❖ 怎样使精力转化为效率？
- ❖ 怎样平衡工作和生活平衡？

读完本章，你能收获什么

- 能够学会确立目标、分解目标、实现目标。
- 能够学会将精力转化为效率。
- 能够学会平衡工作与生活。
- 能够了解如何进行时间投资与时间评估。

第一节 寻找目标：从确立到实现

"目标"一词曾一度被美国管理大师彼得·德鲁克所强调，他提出了"目标管理"和"自我控制"的主张。在他看来，并不是有了工作才有目标，恰恰相反，正是有了目标才能确定每个人的工作。

哈佛大学一项调查研究显示，有目标的人更容易成功，他们能找到正确的方向，有更大的动力。对于时间管理来说，目标确实是自我管理的基础。

一、确立目标

有这样一则寓言故事。一名学生感觉自己苦学无果，但又不知道哪里出了问题，于是向他的老师求助。老师听完他的倾诉后笑着问他："如果你去山上砍树，看到两棵树，一棵粗，一棵细，你会砍哪一棵？"学生脱口而出："当然是粗的了。"

老师听后继续追问："如果那棵粗的不过是一棵普通的杨树，而那棵细的却是红松，现在你会砍哪一棵？"学生又不假思索地说："那当然是砍红松了，红松更值钱。"

老师再次发问："如果红松长得歪歪扭扭的，而杨树却十分笔直、挺拔，你会砍哪一棵呢？"这时学生有点疑惑了，问道："那是不是应该砍杨树呢？"

听到这里，老师终于忍不住了，问道："你怎么就没有想到问问我，为什么要砍树呢？"如果是取柴，自然就要砍杨树；如果要做工艺品，那就砍红松。这时，学生才恍然大悟，自己在学习上缺乏正确目标的引导，这才导致自己走了弯路，在学习上不见成效。

在做一件事情之前，如果没有确立正确的目标，那么只会进入盲目状态，即使付出了努力，也很可能会一无所获。清晰的目标比盲目的努力更重要，目标对于我们来说有以下帮助。

（1）目标可以给我们的行为提供明确的方向，使我们充分了解每个行为的目的。

（2）目标不断提醒我们什么是最重要的，有助于我们确立优先级。

（3）目标可以促使我们未雨绸缪，把握当下。

（4）目标可以帮助我们清晰地评估自己每件事情的进展，分析每件事情的效率。

（5）目标能够使我们把重点从工作本身转移到工作成果上来。

（6）目标使我们在得到结果之前，就能展望自己预期的结果，从而有助于我们产生持续的信心、热情与行动力。

想要找到自己心中的梦想，确立合适的目标，我们就需对自己的未来进行展望。

首先请想象一下，60岁迈入老年时，我们会是怎样的人，有怎样的成就，在我们的同事、朋友、家人眼中，我们又是怎样的一种形象？请再想象一下，当我们离开人世时，我们有哪些成就，对社会、对他人有何贡献，人们会怎样评价我们？或者想象一下，离开这个世界10年以后、50年以后、100年以后，还会不会有人记得我们？这些记得我们的人将给予我们什么样的评价？这些想象的画面中蕴藏着我们人生的意义，有我们真正的梦想。但梦想仅仅是梦想，我们可能会觉得它万分遥远。梦想与目标之间的差别在于，梦想可以非常概括、抽象，而目标是具体的、可以量化的。也可以说，目标就是可以量化的梦想。因此，我们需要做的是，将梦想变成一个个具有可操作性的目标，时间管理正是帮助我们一步步实现这些目标的途径。

这里我们可以使用SMART原则将目标量化，确定合适的目标，并将其付诸实践。

（1）目标必须是具体的，可以量化的。比如，"我要赚钱"这个目标就十分模糊，赚1元是赚钱，赚10万元也是赚钱，但赚1元和赚10万元的过程与难度是完全不同的。"我要在1年内赚10万元"就是一个具体清晰的目标，之后我们还可以细分为每个月具体赚多少钱、如何赚钱等。

（2）目标必须是可以衡量的，我们可以通过各种方式对目标的完成情况进行评估。比如，"明年我要考上XX大学"就是可以衡量的目标，当我们被录取时，我们的目标就达成了。一般来说，目标应该有一组明确的数据作为衡量的标准。

（3）目标必须是可以实现的，可以让人接受、实现和执行，不能天马行空。长期目标要远大，但也要是可以实现的。而短期目标和中期目标最好有一定挑战性，在开始行动前，尽量不要太多地关注目标的困难程度，否则会严重打击我们的积极性。

（4）设定的工作目标需要和自身的基本情况相关联。假设我们是做文职工作的，也打算将来一直在这方面发展，那么"学会编程的基础操作"这个目标对于我们来说就比较累赘，不是一个好的目标。

（5）我们必须对自己的目标有一个明确的时间限制。明确从什么时间开始，在什么时间完成。比如，"在半年内学会PS技术"这一目标，"半年内"就是一个基本的时间限制。

在"SMART"的基础上，可以再加入一个"W"，即 Write（书面化）。"Write"是指目标一定要是书面的。把目标写到纸上，可以帮助我们厘清思路，让我们知道自己要实现哪些事情，这样可以时刻提醒自己目标是什么，从而增加动力。

有了目标不等于最终确立目标，很多时候我们还需要对目标进行修正。

首先，我们需要知道的是，目标一旦确立，就不能轻易更改了，尤其是长期目标，不到迫不得已不要去改。但我们可以对达成目标的计划进行修正，找到最合适的实现目标的途径和方法。

其次，必要时可以修正达成目标的时间界限和量度。对于有的目标我们可能在最开始时制订了错误的时间期限，当我们发现难以完成时可以适当延长时间，而不是马上放弃。而对于另一些目标我们可能没有充分考虑到现实情况，这时可以进行一定的"妥协"，但这种修正只是暂时的，我们还需要不断寻找新的方法来达成目标。

二、用目标分解抓住重点

有的高效人士同时要负责好几个项目，拿出他们的记事本我们会发现，上面记录了各种事宜，条条款款详细又清晰。这就是他们能够有条不紊地达成所有目标的方法——将目标分解为数个可执行的任务。要想使目标成为现实，我们需要在开始时将它们——分解，然后逐个击破。

管理学上有一个著名的故事。日本一个著名的马拉松选手获得了几次世界冠军，可他身体素质一般，人们一直想不通他为何能取得如此骄人的成绩。因为他不善言谈，直到退役后才写出了他的方法。每次比赛前，他都会仔细勘察路线，熟悉路边的每一个标志性物品，并将它们作为阶段性目标。比赛开始后,他会全力以赴冲向第一个目标,然后是第二个、第三个……本来长距离、难以达成的目标,经过他的分解,变成了一个个小的、容易实现的目标,比赛时,心中只想着达成一个接一个的小目标。

这个故事告诉我们的道理是深刻的,当我们将目标分解得更简单时,目标就更容易实现。

那么,应该如何分解目标呢?这里提供几种方法。

1. 分子分解法:将大目标分解为无数个更容易达成的小目标,这些小目标一旦达成,也就意味着大目标达成了

试想一下,现在你要从北京到拉萨自驾游,全程长达几千千米,你根本不可能一口气到达目的地。但是你可以在沿途的各个城市停留、游玩,进行补给和休息,最后顺利抵达目的地,这次自驾游也将成为一次愉快的经历。

当目标比较大时,我们需要把大目标进行分解,将其分解为小的阶段性目标,否则我们很可能会望而却步,在目标实现前就放弃了。分子分解法就是把大目标当成一个物体,而小目标就是构成这个物体的无数分子。需要注意的是,分解大目标时,需要将它分解到尽可能小的程度,直到成为任务计划去加以执行,并且在完成后可以确认是否做完,而不存在模糊的中间值。

在目标的分解和实现中,计划清单起着决定性的作用,每打一个钩就预示着我们离大目标更近一步了。当"收集"到一定数量的钩时,大目标也就近在咫尺了。

2. 重要性原则：在小目标中找到对大目标起关键作用的那个，并对其投入更多的精力

对于时间管理来说，重要性原则是一个万能的原则，在目标分解后，我们需要将更多的精力投入最重要的那个小目标。一般来说，一个大目标可以分解为多个小目标，而其中只有几个是对大目标的实现起关键作用的，这些关键性的小目标就是我们口中的"难啃的骨头"，对于其余的小目标我们可以减少时间投入甚至忽略。比如，我们要参加一场英语考试，在这场考试中英语阅读的分数占试卷总分的60%，那么我们在平常训练时就应该加强对英语阅读的学习和练习。

3. 目标排序法：将大目标分解后，我们还需要对分解后的小目标进行排序

我们需要一步步来完成一个大目标，一方面是因为我们需要先完成基础的小目标，另一方面是因为各个目标之间存在一定的关联性，有时候完成前一个目标才有能力去完成后一个。以产品设计为例，我们不能把完成设计图当成目标的第一步，凭空设计是行不通的，首先需要进行市场调研，这样设计出的产品才能真正符合市场的需求。

小智是一个不善言辞的人，但在偶然一次机会上台演讲后他就喜欢上了在演讲台上的感觉，并且不顾周围人的眼光，下定决心要成为一个演讲高手。

对于小智来说，马上成为演讲高手是不可能的，但他将目标分解，最终一步步将梦想转化为了现实。他分解成为演讲家这个目标的步骤如下。

第一步：找一个合适的模仿对象，将他作为榜样。模仿是学习的一种方式，小智因为缺乏经验，所以需要通过模仿来学习别人的长处。要想成为一个好的演讲家，就必须先有一个好的学习对象，帮助小智树立一个正确的演讲观。

第二步：收集资料。"巧妇难为无米之炊"，演讲高手需要有好的故事以增加演讲的说服力，小智便对资料进行输入整理，把故事分门别类，形成一个演讲资料系统。

第三步：做PPT。精美优质的PPT能成为演讲高手的好助手。在练习演讲之余，小智也在学习PPT制作。

第四步：参加交流活动，分享自己的演讲经验。在分享与交流中，才不会故步自封，并且能提高演讲技术。

第五步：参加小型演讲。初出茅庐，先参加一些小型的演讲活动，锻炼自己。

第六步：参加大型巡回演讲。成为大型巡回演讲主要的演讲人之一，评估自己与演讲高手的差距。

经过目标分解后，我们会发现，目标的实现变得容易多了。

三、实现目标

有了目标和能够实现目标并不是一个概念。目标的实现是一个循序渐进的过程，在正确地确定了目标和分解了目标的前提下，还需要努力与坚持，这需要发挥我们的主观能动性才能做到。

1. 目标激励法

实现目标常用的方法就是目标激励法。一种是自我激励，在自己做得好时给自己一些"甜头"；另一种是他人激励，这种激励还可以起到监督作用。

（1）自我激励。

自我激励法就是当目标达成时，自己给自己一定的奖励，包括精神上的和物质上的。自我激励可以增强我们完成任务的愉悦情绪和满足感，给我们带来动力和信心，使我们的欲望和需求成为实现目标的帮手，从而促进下一个任务的完成。我们可以把奖励简单地写在清单上，每当不能坚持时就看一眼，这也是一种有效的心理暗示法。

"18个周期礼物法"是一种典型的自我激励法。这种方法将每21天设定为一个小周期，以年度为单位，一年大约有18个周期。我们可以将目标分解到18个周期内，并为每一个周期配置一个奖励，当周期结束时，如果达成了这个周期分配的小目标，就可以获得对应的奖励。而礼物的价值一般随着周期的进程递增，如第10周期设置的礼物的价值，要大于第2周期礼物的价值。

一般来说，50%的礼物要与目标或个人成长相关，要能够为我们提供更好地实现目标的条件，如一次线下训练课程、一套一直舍不得买的精品图书。30%的礼物与物质奖励相关，可以给我们带来心理上的满足感，如一支心仪的口红、一顿大餐。这样一来，礼物不仅是礼物，也是帮助我们实现目标的一部分条件，同时可以让我们收获成就感和自信心，能更好地实现下一阶段或者下一个目标。

（2）他人激励。

除了自我激励外，我们还需要他人对我们的鼓励。我们在实现目标的过程中，有时候意志力会不够坚定，我们会给自己找借口逃避，自我谅解。这时候我们就可以通过告知朋友、家人来寻求外界激励。研究显示，写下自己的目标，与身边的朋友分享，并将进展情况定期分享给朋友，可以提高成功的概率。只是关起门来思考目标的那种人，他们实现目标的概率不高于50%；而将目标写下来并定期与朋友分享进展情况以求获得支持的那些人，实现目标的概率接近75%。

一旦我们将自己的目标告知了他人，他们就可能会留心我们有没有在完成这件事，还会时不时地询问我们目标是否达成。我们可能会支支吾吾，因为还未开始做而感到羞愧，也可能会自豪地告诉他们，马上就要完成了。这样对于我们来说，他人激励就形成了一种外部监督机制。我们还可以给自己设置一些惩罚措施。例如，如果某一个阶段的目标没有达成，就要请"监督者"吃一顿大餐。

2. 目标复盘

实现目标的另一种方法是目标复盘。在我们执行计划的过程中，不断进行目标复盘有利于目标的实现。

"复盘"一词原本属于围棋术语，主要是指对局完毕后，复演这盘棋的记录，以检查对局中招法的优劣与得失关键。这里所说的目标复盘是指将过去所做的事情重新"过"一遍，即通过对过去的思维和行为进行回顾、反思和探究，来提高目标实现的可能性。

复盘的基本程序包括以下四步。

（1）回顾目标。清晰、明确的目标为我们建立了评估结果、分析差异的基准。重新问问自己："最初的目标是什么？为什么会有这样的目标？"当我们不断确定目标时，也是对自我的不断反思和激励。

（2）评估结果。回想实际完成的过程，对照目标，看看哪些地方做得好，哪些地方有待改进，找到值得深入挖掘的点，对结果做对比以便可以展开第三步。

（3）分析原因。对于差异，深入分析，找到原因，发现真正起作用的关键点，是学习的重要一环。通过叙述目标实现的过程，思考一下：我是如何一步步走到现在的？我是不是集中精力完成了我的目标？在此期间是否偏离目标？偏离的原因是什么？

（4）总结经验。最后一步要基于差异分析找出利弊得失，将每一次完成目标的经验转化为我们的知识，吸收经验教训并发掘未来行动需要改善之处。这样即使这次目标实现得不太完美，下次遇到同类目标时也能游刃有余地去完成，知道哪里会遇到问题以及如何去解决它们。

此外，在实现目标的过程中还需要注意以下几个方面。

（1）不要轻易放弃制订好的目标，否则会加重我们的心理负担，对于之后的目标实现也是不利的。目标的实现本身就是一件有风险的事情。一旦遇到挫折和难题，就开始质疑自己达成目标的能力，这样会使我们陷入"行动危机"之中，我们将经历一场有关于"应该继续还是放弃"的心理斗争。科学研究显示，经历一次行动危机会提高体内应激激素皮质醇的生成，多余的皮质醇会导致我们在目标实现的过程中失利，甚至导致我们更早地放弃目标，因此要警惕这种恶性循环。

（2）我们的大脑有一个达成目标的内部导航系统，自我鼓励可以增加实现目标的概率。我们内心的声音是实现目标强有力的工具，如当我们在锻炼的时候，给予自己诸如"坚持，你可以做到"等简单的心理暗示，确实会促进我们对实现目标的坚持，并且能抵消我们随着难度加大而产生的想要放弃的念头。

（3）动机在目标实现过程中占有重要地位，但是过度动机则会适得其反。从生物学来看，当我们的大脑处于一种极度渴望某些东西的亢奋状态时，神经传导物质多巴胺会湮没我们的大脑，导致我们失败的概率增加。关键问题在于，我们要找到一种平衡，既要保持让自己勇于不断前进的动力，又不能被大脑的内在缺点所阻碍。在实现目标的道路上，也不要想得过多，在试图完成任务时，思考再三反而可能会影响发挥。

第二节　管理好精力，让时间更有价值

你是否有过这样的经历：每天的工作日程和社交安排挤得满满当当，生活就像在打仗一样，一刻也不能耽误，这种状态让你倍感压力。不久后睡眠质量开始下降，甚至出现失眠的现象，导致第二天早上起床后变得精神不振、反应迟钝，工作时也很难集中精力，效率低下，迟迟没有

成果。这种状况让人感觉心情沮丧、焦躁不安，最后为了弥补落下的工作进度，不得不熬夜加班。这样恶性循环下去，不仅自己受累，工作也不能顺利完成。

我们管理时间，是为了做事更有效率，而要管理好时间，前提是要管理好自己的精力。没有精力，再好的目标也无法实现。

一、好的精力造就好的效率

虽然我们平时在生活中经常提到"精力"这个词，但一旦被人问到什么是精力时，常常又说不出个所以然来。

在精力管理专家丹尼尔·布朗尼看来，精力是每个人做事投入度的基础，分为筋疲力尽、全情投入、游刃有余等不同层次，主要影响因素为运动、饮食、睡眠等生理基础因素和精神状况。我们做事需要全情投入，这意味着我们能够全身心地、毫无保留地投入我们参与的每项活动中。不管是在工作中还是在娱乐中，我们都能融入当下的环境和当下的角色。

有时，在工作中，我们很难做到全情投入。这种不投入常常来自我们不自觉地滥用、浪费精力，如不健康的饮食习惯，生活不规律造成的睡眠质量低下，不懂得及时恢复体力，心理上的消极逃避，不知道如何集中精力等，这些都需要我们特别注意。

我们不可能做到一点时间也不浪费，但我们每天支出精力的多少和质量高低，是可以调节的，这才是高效与否的关键。我们越能有效地掌控自己的精力，工作起来就越有能力和效率；而我们越是低迷消沉，越是把自己弄得疲惫不堪，就越会逐渐丢失工作效率，在工作中表现得越来越糟糕。其实，如果能遵从精力管理的原则，循序渐进地改善对精力的管理，无论是工作还是生活，每个人都可以变得更有效率，成为理想中的高效人士。

我们的精力主要来源于四个方面,身体的、情感的、思想的和精神的,这也是精力管理的四要素。这四要素缺一不可、相辅相成,既相互独立又相互依存、相互联系。在工作中,我们要通过精力来提高效率时需要抓住这四个方面,让时间管理更富成效。

(1)身体层面的精力也就是体力,有高低之分,和我们的身体状况脱不了关系。体力主要表现为身体可以做出与力量、耐力、灵活性和恢复力相关的动作,可通过呼吸、饮食、运动和睡眠调节。一个人越健康,他的体力越好。身体层面的精力也是其他方面精力的基础,如果一个人身体不健康,甚至都不能参与工作,那就更不用说高效工作了。

(2)情感层面的精力可分为消极的和积极的。精力越积极,我们的工作效率越高,状态越好,主要表现在对自我的认知与接纳,与他人的亲密互动和常规的人际交往等方面。相反,消极的精力会造成不好的后果,试想一下,一个常常处于情绪低落状态的人,如何能在工作岗位上创造出他的价值。

(3)思想层面的精力以强度来衡量,即持续集中注意力的能力,主要表现为创造力、专注力、现实的乐观主义和大脑的可塑性。思想层面的精力对于时间管理非常重要,也是我们通过时间管理最需要提升的方面。

(4)精神层面的精力。以个人重心来衡量,即一个人主要将时间和精力投在哪里以及在多大程度上会按照自己的理想意愿生活,主要表现为责任意识和奉献精神,体现人生价值和意义。

我们可以将精力管理分为以下几种模式。

(1)精力管理的日常模式:支出和补充。

这种模式是生活中最常见的,适合大多数人的日常起居、工作休整。不管是工作、社交还是进行娱乐活动,每天都需要支出精力,也需要通过休息、睡眠来补充精力。手机的电量在用完后需要充电才能继续使用,人也一样，在没有精力时需要及时"充电"恢复精力。日常的精力补充方式包括活动间隙的短休息和每天睡觉的长休息两种模式。

(2) 精力管理的压力模式：透支和修复。

当我们在工作一定时间后，如果得不到及时的休息来补充体力和恢复脑力，就会进入疲倦期。就像手机没电了不能再使用一样，过度劳累也会使我们出现体力透支的情况。在这种情况下，身体为了支持活动的正常开展，需要将日常储备的精力调动出来使用，于是就进入了精力的修复时期。如果不能尽快得到休息恢复，可能会造成疾病的滋生，需要通过治疗或长时间的休养才能恢复健康。比如，有时候遇到情况紧急的重要项目，我们需要连续几天熬夜加班，在工作完成后，我们通常都需要休息一段时间才能进入正常的工作状态。

(3) 精力管理的极限模式：储备和衰竭。

手机使用一定年限后，我们会发现，手机电池的耐电性大不如从前，待机时间越来越短。人体的精力也有储备期和衰竭期。进入衰竭期后，我们需要对精力的构成因素进行适度韧化训练，才能增加精力储备，否则会和无法使用的手机电池一样失去最初的效能。

二、让你的效率觉醒

每个人每天的时间都是相同的，而高效人士却能在这相同的 24 个小时内做更多的事，创造更大的价值。

在第一章里，我们用金钱换算过我们的时间，因为时间也是有它的价值的。现在，我们将效率和价值联系在一起，我们的人生效率是一条水平线，追求某些东西会让自己增值，而浪费时间却会让自己贬值。比如，我们努力工作、学习新知识、阅读、锻炼等会让自己单位时间内的价值增加，而如果整天刷朋友圈、熬夜追剧、沉迷电子游戏，这些都是在水平线以下的，不仅没有什么时间价值，长此以往还会对我们的健康造成伤害。我们要做的是，让自己尽量处于一个增值的状态。

怎样才能使自己在工作时更有效率呢？

（1）**给任务设定截止时间**。我们需要强迫性地约束自己，要求自己在任务完成之前或者在预先规定的时间用完之前，不能停止工作。限定时间会营造一种紧迫感，刺激我们加快做事的速度。当我们在工作中感觉到一定的正面性压力时，会在心里不断告诫自己："我要坚持一口气把这件事做完，然后就可以休息了。"

小张的家离公司很远，他每天上下班各需要坐一个小时的地铁，于是他给自己规定：在每天上班路上的一个小时里，必须处理完所有邮件。大量邮件可能会占据很多的工作时间，特别是一些不太重要的邮件，会降低自己工作时间的使用效率。在地铁上用手机看邮件很方便，因为要求自己在路途中看完所有邮件，在压力下就不会那么容易分心，所以即使地铁环境比较拥挤吵闹，也不会受太大的影响。

我们在公共汽车和地铁上可以观察到，有的人在玩手机、发呆，有的人却在阅读、学习、处理一些简单的工作事务。这样一来，每个人一天单位时间的平均价值就参差不齐了。

其实，番茄工作法、单核工作法也是同样的道理，我们逼迫自己在有限制的时间段内高效，将注意力集中在这几十分钟内，要比连续多个小时工作更有裨益。还有一点需要注意，那就是不要给自己设置太久的限制时间，给自己一下午或者一整天的时间反而会造成工作的拖沓，这样就和没有设置限制时间一样。

（2）**延伸意志力**。我们经常会听到这句话："成功就是在你不能坚持时再坚持一下。"如果我们能有更好的意志力，那么我们离成功就又近了一步。每个人能集中注意力的时间是有限的，随着时间的流逝，我们集中注意力会越来越困难，意志力在不断被消耗，效率也会大不如前。就像参加马拉松比赛，如果不注意调整节奏，越往后速度会越慢，或是根本跑不动，最后因为失去比赛的意志而放弃跑完全程。但总有人能够坚持下去，跑完整场马拉松，他们不仅是意志力坚定的人，更是懂得合理分配自己精力的人。

当精力不足、意志力薄弱时，我们又该何去何从呢？正如肌肉可以通过锻炼增强一样，一个人的意志力虽然是有限的，但也可以通过一定的方法得以延伸。在参加马拉松比赛时，进入后半程后，每个人的身体都会有想停下来的欲望，但是当我们的精神不断鼓舞我们，告诉自己必须坚持下去的理由时，我们会继续咬牙坚持。对于意志力的延伸也是同样的，如果我们常常鼓励自己、提醒自己，反复几次就会发现自己在不断地超越身体和意志力的极限。

比如，学生时代的我们每天都需要完成家庭作业，但是我们的注意力又常常被动画片、电视剧所吸引，在做作业时会忍不住去看电视，最

后导致自己的作业无法按时完成。当我们的意志力不够强时，就告诉自己再坚持一会儿，完成这门功课后再去看会儿电视，只要我们能坚持下来，不仅能够完成作业，而且会尽力提高自己的效率。而下次遇到同样的情况时，就能在这个基础上多坚持一段时间。反复训练几次自己的意志力后，单位时间内我们的效率将得到一定的提高。

时间管理的一大直接目的，就是提高效率。而唯有高效才能让时间价值最大化，我们要尽可能地学会限定时间和延伸意志力，做好自我约束，让自己的效率发挥到极致。这样的时间管理就是最成功的时间管理。

三、排除干扰，打造高效环境

环境对人的影响是不容小觑的，这在很多年前就被社会学家所论断。因为人具有一定的惰性，我们通常会主动去适应环境，在怎样的环境中生存，就可能成为怎样的人。如果你住过大学寝室，你就应该能体会到，当寝室里的其他室友都喜欢睡懒觉时，你很可能也会变成一个不喜欢早起的人；当周围的人都喜欢每天按时去上自习时，你去上自习的频率也会更高，这和环境对我们施加的压力密切相关。

排除环境干扰的方法有以下几种。

1. 心理暗示法

心理暗示法其实是我们经常使用的方法，但在大多数时候我们都没有意识到自己使用了这种方法。举个例子，很多人在学生时代备考期间都喜欢写下一些励志的话贴在桌子上或墙上。在学习的过程中，时不时看上一眼，马上会感觉自己学习的动力又增加了。此外，在工作时，很多人也喜欢把手机锁在柜子里或是放在比较远的地方不让自己看到，这样做的原因是暗示自己现在应该认真工作，而不是玩手机。

心理暗示法就是个人通过积极的自我暗示、自我鼓励，以达到自我提升、自我促进的方法。因为人的自我评价与人的行为之间有着很密切的联系，消极的自我暗示导致消极的行为，而积极的暗示则会带来积极的行动。我们在做事的时候，常常不断地暗示自己，这件事并不难，其他人能做到，我也一定能做到，而通常这样的暗示确实能对我们起到一定的帮助。所以，要尽可能地使自己的心理以及周围的环境对自己起到一定的提醒作用。

2. 告知他人我们的目标和计划

让他人知道我们的目标和我们为之所付出的努力是一种很有用的排除干扰的方法。在追求效率的时候，如果只是"单打独斗"，那么很可能会因为内心的一点怯懦而马上退缩放弃。向周围的人宣告自己的目标和计划，一方面是为了告诉他们，在我们专注的时间里，除非是有非常重要的事，否则尽量不要来打扰。比如，你告知同一个办公室内的其他同事你今日的专注计划，那么当计划开始实施，在专注时间他们就不会再来找你聊天，耽误你的时间了。你所要面临的诱惑，也会相应减少。另一方面是为了让他们来监督我们，这样，我们会感觉到时时刻刻有人正在关注着自己，从而保持专注。

3. 向高效人士靠近，以他们为榜样

古人有句话是"近朱者赤，近墨者黑"，与什么样的人交往，会影响我们的性格和行为方式。

如果我们身边恰巧有一位高效人士，那么一定要抓住他，让他成为我们的榜样。能够与高效人士同行，我们将从他们身上学到许多好的品质和行为方式，甚至会不自觉地模仿他们，使自己越来越优秀。同时，也要提醒自己，尽量避免跟懒惰的、不求上进的人接触，他们可能会影响我们的效率。不要让自己的效率环境中充斥大量这样的人，这也是很关键的一点。

第三节　学会平衡工作和生活

古人讲究张弛有度，孔子说："张而不弛，文武弗能也；弛而不张，文武弗为也。一张一弛，文武之道也。"对于我们来说，要保持好的精力，就必须劳逸结合，该工作时认真工作，该休息时放松休息。

有的人在工作时间去做和工作无关的事情，下班后只能靠加班来弥补浪费掉的时间。还有的人一个劲儿地拼命工作，不给自己留半点休息时间，结果换来的只是垮掉的身体和未完成的事业。

一、会忙的人，也会休息

人在极度劳累时做事效率会极度低下，如果在疲倦状态下继续工作，那么不仅没有成效，还会错误连连。在一些危险的行业，疲劳工作还可能会对人身安全造成威胁，如疲劳驾驶导致的重大车祸屡见不鲜。对于在办公室工作的上班族来说，疲劳时弄错的一个数据可能会对一个项目造成不可挽回的损失。

从科学角度来看，人在长期疲劳的状态中工作，容易造成心理疲倦，这对身心都是不利的，甚至会导致身体或是心理疾病。比如，由于新陈代谢衰减，造成机能失衡，我们会明显感觉到身体的不适。由此可见，过度的勉强自己工作其实没有什么意义，与其一直低效率地做事，不如在疲倦时稍作休息，等精力恢复后再投入工作。有时候我们连续工作几个小时都想不出的策划方案，可能在休息一个小时后灵感就喷涌而出了。我们要在自己精力最旺盛的时候全情投入工作，在没有效率的时候就休息，给自己的身体充电续航，这样才能更好地继续工作。

在时间管理中，我们强调的就是效率，管理时间就是为了提高自己的工作效率，只是增加工作时长是不理智的，真正的高效人士既是会忙的人，又是懂得休息的重要性的人。

小张是一名产品设计师，平常的工作十分繁忙，但他受朋友所托，答应晚上帮忙修改设计图。白天的工作需要马不停蹄地完成，晚上还要熬夜做额外的工作，没有空余的休息时间。这样一来，他白天的效率没有把握住，还牺牲了自己全部的休息时间，将自己弄得疲惫不堪。几天过后，他发现自己在白天的工作时间里频频犯错，不仅受到了领导的批评，而且为同事的后续工作造成了困扰。甚而，帮朋友修改的设计图也没有让朋友满意，最后得不偿失。

帮助朋友是可以的，但前提是要在自己有充足的时间时，如果自己很忙，就应该说明原因，果断拒绝，否则得不到充足的休息，自己的身体垮了，什么样的工作都没法继续下去了。就像机器运转一定的时间后，也需要冷却，以防长时间使用而烧毁，最后只能报废，就算没有报废也会大大减少使用寿命。人体也是一样，死撑着工作不仅会造成自己效率低下，还会浪费其他人的时间。

二、如何调节状态，快速恢复精力

当工作一定时长后，我们会依据身体状况和环境状况在某个不固定的时间点进入疲惫状态，也就是到了我们无法继续高效工作的时候。这时，我们不能强迫自己继续工作，但是也不能感觉累了就立马放下手中的工作回家休息，我们要学习一些调整自己状态、随时随地能放松身心的小技巧。

这里有一些小技巧可以帮助我们快速恢复精力。

打盹。我们在特别疲惫时会打瞌睡，此时我们不如直接打个盹。在家中、办公室、车上小憩都可以帮助我们恢复精力，可以定一个闹钟，休息10分钟即可，注意不要进入深度睡眠。

做眼保健操。刚上学时，学校会教我们做眼保健操，它也确实对我们抵抗疲劳有所帮助。不少上班族长期坐在办公室里一动不动，面对电脑办公，不仅对我们身体的血液循环造成影响，而且对眼睛的伤害也非常大。因此，每隔几个小时我们可以做一次眼保健操，从而缓解眼睛的疲劳。当闭着眼睛做眼部运动时，我们的大脑也可以趁机得到休息。

拍打按摩。上班族大多数时间都是坐在电脑前完成一天的工作的。长此以往，大部分人即便没有身体的疾病，也会处于亚健康状态，时常会感觉颈椎或是腰椎疼痛，血液流通也会变得缓慢。因此，我们可以采用拍打按摩法，以缓解身体上的不适感。比如，每工作半个小时或者一个小时就休息几分钟，去接杯水，在办公室走一圈，拍打一下自己的胳膊、腿，按摩一下肩膀和颈椎，从而加快血液循环，让大脑更快获得营养的供给，不让大脑进入缺氧状态。这样就可以在短时间内缓解疲劳。

进行冥想。冥想是为了让大脑得到片刻的放松，我们只需在办公室闭上眼睛想象一些自己喜欢的静谧场景，如茂密的深林、蔚蓝色的大海，条件允许的情况下可以放一首轻音乐，让自己处于一个轻松的状态。冥想 5 分钟就可以达到熟睡 1 个小时的效果，有助于我们集中思绪。定期冥想还可以放空大脑，增加想象力和创造力，让我们做事情时大脑更加清晰，得到灵感的青睐。

深呼吸。深呼吸可以减慢心跳的速度，减少神经张力，降低血压。当我们感觉紧张或压力很大时，做深呼吸可以帮我们缓解紧张感，疲惫时做深呼吸也可以唤起我们的活力。有规律的深呼吸更是一种保健身体的方式，每天做 10～15 分钟深呼吸练习，让空气充满我们的胸部和腹部，再慢慢地呼出，建议每分钟呼吸 12～16 次。

向远处眺望。当我们感觉眼睛不舒服、无法集中精力时，可以眺望远处。我们只需离开办公桌，来到任意一个窗口，凭窗远眺。远方的景色会减少我们的不适感，让我们紧绷的神经得到放松，还可以借此憧憬美好的未来，振奋精神。

现在不少职场人士已经养成了午睡的好习惯，午睡确实能帮助我们调整状态，恢复精力。下班后，我们也需要适当的休息，晚饭前的一个小时，是我们休息的黄金时间。特别是当我们必须熬夜加班时，此时我们更需要休息。

著名的英国前首相丘吉尔就有晚饭前休息的习惯，他每天工作16个小时以上，有时候晚上累了也会在床上进行工作。

当我们在办公室待了8个小时后，精力当然大不如晨起时了，在下班花费一个小时甚至更长时间乘坐拥挤的地铁、公交车回家后，更是会觉得自己的"电量"消失殆尽了。晚饭之前的一段时间，我们还没有彻底从白天工作的疲劳状态中逃离出来，相对来说，是注意力不够集中的时间，因此我们可以把它看作白天正常工作时间和晚上增值时间的连接点。在这段时间里不要再去做紧张的脑力劳动了，可以小睡一会儿、散散步、听听音乐，或是做一些简单的、不会花费太多体力的家务劳动，这样可以使精力慢慢得以恢复。注意，不要玩游戏、看电视剧，这可能会使我们"废寝忘食"，浪费了时间还不自知。

三、正确对待"加班人生"

加班是令每个上班族头痛的一件事。试想一下，本来你和朋友约好去吃饭逛街，这时领导突然通知让你今晚就交一份报告；或是你已经非常疲倦了，想立即回家休息，但手里还有很多工作没有做。

人人都想避免加班，可有时一些紧急工作又是不可避免的，但我们确实是可以减少加班情况的。要想减少加班，秘诀就是适当减少工作时间，一到下班时间就放下手中的工作。你肯定会觉得很奇怪，平时我们就是因为工作时间不够才加班的，为什么还要去缩短工作时间呢？

美国有一家叫作37signals的软件公司，为了提高效率，曾于2007

年尝试进行了一项不同寻常的改革：将每周的固定工作日由5天缩短为4天，员工每周只上4天班即可，而且这4天的工作时长维持不变，依旧是正常的8个小时。而结果是，虽然每周缩短了一天的工作时间，但很多员工依然可以完成以前5天的工作量。

创始人之一弗莱德解释了这样做的原因，他们发现，压缩工作时间后，员工会更加专注在重要的事情上，减少的只是各种非必要会议、媒体干扰、网页浏览、办公室政治等无价值、无意义的工作时间。更少的正式工作时间，可以让员工意识到时间的宝贵，想准时下班去享受生活，就需要挤压出更高的效率，这样一来，他们在工作时间会更专注，产出也会比之前更高。

所以，我们在抱怨自己工作时间不够，总是加班之前，先扪心自问一下：自己的时间真的不够吗？工作时间真的在专注工作吗？如果一整天不去逛淘宝、不去聊微信、不去和同事闲聊，是不是可以把工作按时完成呢？

还有一些人加班并不是为了加班，只是做做样子，因为他们害怕自己的上级领导、自己的老板看到其他同事都还在工作，自己却到了下班时间就走了，于是也留在办公室。这些人留是留了，可是心不在焉，没有把精力用在工作上，只是单纯地浪费时间而已。这是最错误的一种加班态度。

我们可以把加班的缘由归为以下几种。

（1）在工作时间没有专心工作，工作效率低下，完不成工作任务，只能用下班后的时间去弥补。著名的"帕金森定律"其中有一条告诉我们这样一个道理：在工作时，只要还有多余时间，我们工作所需的时间就会被不断扩展，直到用完所有的时间。同样的工作任务，有的人用一个上午就完成了，有的人却要加班到深夜才能完成。对于这种加班的现象，我们要尽量避免，要减少工作时间，提高工作效率。

（2）公司一定时间的业务需要，或因处于高压行业，要求我们每天增加工作时长。有部分公司会因为处于旺季而工作量较大，或是有项目面临短期的赶工而需要员工加班，如明天领导要上台演讲了，让你帮忙做一份PPT，你就需要在当晚加班完成，这种加班很多时候都是临时的、短期的，属于正常现象。此外，在IT、财务会计、设计、律师等行业工作的人，由于业务的需要，经常会遇到加班情况。

（3）害怕领导责怪或是跟风同事加班。最好杜绝这种情况，如果实在要留在办公室，那么就认真投入工作，而不要只是跟风，人在办公室心思却早已飞到九霄云外了。

（4）自己积极主动加班。这种员工一般是把完成更多的工作当成对自己工作能力的锻炼，在工作中寻找乐趣，在乐趣中不断提升自我，这是值得提倡的。这种加班和上一种是截然不同的，会对自身产生正能量，上一种反而会耽误时间。

四、生活价值与个人爱好很重要

人并不是一台不停运转的工作机器，空洞的生活会让我们情绪低落，失去工作和生活的动力。我们在工作中最怕的就是产生迷茫感，整天劳劳碌碌、奔波劳累，却不知道自己的价值所在，无法获得满足感。我们需要做的是，将工作和生活平衡起来，一方面努力工作，另一方面用心经营生活。

（1）目标管理。如果把生命比作完成一件作品所需的材料，那么目标就是完成一件作品的工具。当我们手中有了好的工具就能更快速地完成作品，并且作品的质量也会更高。因此，清晰的目标是个人实现自我价值、摆脱焦虑、吸引更多资源所必须具备的。目标管理是自我管理的第一步，只有有了正确的奋斗方向，才不至于走弯路，最终追悔莫及。

（2）内心能量。好的心态是成功路上的助推器，抗挫能力是内心强大不可或缺的部分。很多时候周围事物给我们的反馈，经过我们自身脑部结构加工后形成的东西多数是不良认知，清除不良认知首先要找到引起不良认知的导火索，然后通过对这件事情重新加工，形成良好的认知。这些都需要内心的力量来引导。

（3）职业管理。通过一份合理的工作我们才能发挥自己的个人价值。我们每个生活在这个地球上的人都是有自己的定位的，通过工作，我们一方面可以发挥自己的长处，找到自己的定位，实现自己的价值；另一方面可以在工作中不断更新自己，使自己越来越好。

（4）寻找使命。我们毕生所追求的就是完成自己的使命，对职业的追求是寻找使命的一部分。通过观察，其实，寻找使命的过程和找寻适合自己的工作的过程是很相似的。找到使命之后，需要较高的执行力和不断学习。

（5）家庭管理。在工作的同时，我们也不能忽略家庭生活以及我们的亲友爱人。因为人作为社会的一员，是有情感需求的，我们要尽量寻找生活和工作的平衡。

（6）健康管理。俗话说："身体是革命的本钱。"健康支持是我们完成其他目标的首要因素，一个人如果失去了健康，那么他就失去了实现其他目标的基础条件。我们在饮食、睡眠、运动方面一定要严格要求自己，做到自律。并且，身体得到满足只是保持健康最基本的条件，同时也需要使自己的精神状态保持健康。

如果你有一段不用工作的闲暇时光，你会用来做什么呢？你有哪些个人爱好可以丰富自己的生活，作为你职业之外个人能力的补充？

一个人有了兴趣爱好，他的生活会更丰富，他本人会更乐观，在工作中也会更积极，所以不妨利用一些休息时间来发展自己的爱好。可以是学习手绘、书法，也可以是学习插花，甚至是听听古典音乐，它们都可以使你的生活更多姿多彩。

第四节　把时间专注于当下

一、学会时间投资与时间评估

在时间管理中，把利用时间当成投资可以使我们的时间"物尽其用"，产生良好的收益。

时间投资就是合理的分配时间，将大部分的时间和精力聚焦到更有价值的事情上，以产生更大的收益。要做好时间投资，可以从两个方面入手。

首先，将时间进行分类，找到更有价值的时间，这样才能有针对性地进行投资。

根据时间是否能按预期的那样去使用，可以将时间分为可控时间和不可控时间。

比如，工作日的早上，小王6点钟起床，8点钟出门坐地铁到公司上班。6点到8点，除去洗漱和吃早饭花费的半个小时，其余的时间是比较固定的，属于小王在早上的可控时间。小王会先拿出记事本回顾前一天制订的计划，对自己今天该做什么有一个清晰的认识。之后就是小王每日固定的阅读时间，小王会利用这段时间来进行阅读训练，阅读一些和他的职业有关的书籍，或是阅读一些自我管理类的书籍，使自己的工作能力得以提升。

此外，睡前的一两个小时也是小王的可控时间。小王会根据当天工作的实际情况，对工作目标进行复盘，看看当天做了什么，完成了哪些小目标，哪些问题需要反思，并将经验总结记录下来。

在每天的日程中，也会有很多不可控时间。比如，由于下班前领导突然布置了一项紧急任务，让小王做一份报告，在明天上午开会时用，小王不得不加班完成。这时的时间就是不可控时间，因为这个任务是临时的、不在计划范围内的，而且小王也不知道什么时候能够完成这项工作而下班回家。

还有一种分类方式，就是按照时间的质量来划分，质量越高，投资收益就越高。早晨来到办公室时精力满满，是高质量时间段，我们要利用这些时间处理重要的工作或是复杂的任务。到了午饭后，注意力就没那么集中了，会进入昏昏欲睡的状态，若大量投资在这段时间，我们可能会"血本无归"。当然，每个人的高质量时间段不尽相同，可以根据自身实际情况调整。

下面，你可以将每天的时间做一个大致的分类。

时间段	可控时间还是非可控时间	高质量、中质量还是低质量时间
6:00—7:00		
7:00—8:00		
8:00—9:00		
9:00—10:00		
10:00—11:00		
11:00—12:00		
12:00—13:00		
13:00—14:00		
14:00—15:00		
15:00—16:00		
16:00—17:00		
17:00—18:00		

续表

时间段	可控时间还是非可控时间	高质量、中质量还是低质量时间
18:00—19:00		
19:00—20:00		
20:00—21:00		
21:00—22:00		
23:00—24:00		

其次，投资需要做好预算，时间投资也是一样。我们不可能让每一分每一秒都和我们的计划完全重合，因此要预留一些时间，完成时间预算。

刚开始进行时间管理时，我们不能让计划占据所有的时间，否则不仅计划完不成，还会影响我们进行时间管理的信心。可以把每天的时间预留出30%~40%，将之留白，用于处理紧急事务和意外情况，从而增加灵活性。在对时间管理得心应手后，就需要慢慢缩短预留时间，最后使每日完整的计划能够完全落实。

对于待办清单上的那些任务，我们可以给每项任务都标上权重，如用A，B，C三个等级来判定任务的重要程度，"A"代表最重要的任务，"B"代表一般任务，"C"代表比较琐碎的任务。如果要更直观一些，可以使用红、黄、蓝或是其他颜色来标注任务，红色代表最重要的任务，黄色代表一般任务，蓝色为比较琐碎的任务。使用颜色来标注任务，我们一眼就能了解今天重要任务的多少。

当待办清单上某些任务的标注为"A"或是为红色记号时，意味着我们需要为它们多预留一些时间。这样，若有紧急情况来临，便可以及时进行灵活调整，减少因慌张造成的不必要的失误。一般来说，对于标注为"B"或者蓝色记号的任务，也可以预留出少量时间，但是对于不重要的琐事就无须预留时间了，因为即使延期完成它们也不会造成太大影响。

为了更好地投资时间,我们还应该评估自己的时间。评估是一种反思的具体手段,进行时间评估需要从时间敏感度、时间品质和时间效率着手。

1.时间敏感度

只有对时间的流逝保持高度的敏感,才不会在时间被浪费后毫无察觉、不知改善,浪费了第一次,第二次又落入同样的陷阱中。

要提高我们对时间的敏感度,可以使用倒计时的方法来时刻提醒自己完成任务刻不容缓。比如,使用一些倒计时 App,输入任务名称并设置好截止日期,就会显示距离该任务结束还有多长时间,下图是【倒数日】App。

当我们对当前的时间足够敏感之后,就可以对不足之处做出调整,这样才有机会在时间管理上做得更好。有足够的紧迫感,才能更珍惜时间,将时间当作人生中的宝贵资产。

2. 时间品质

每个人都有属于自己的生活节奏，因此每个人在各个时间段的工作效率也不尽一致。有的人早上思路流畅，非常适合在早上解决困难的工作；而有的人则是下午思路更清晰，工作起来更高效。我们可以通过记录的方式来评估自己的时间品质。

3. 时间效率

首先要明确一点，一个有选择困难症的人绝不可能是高效率的人。

当我们决定了某件事后，就不要想着"明天再做"，也不要再翻来覆去地考虑别的情况，而要抓住适当的时间马上投入行动。

二、找到自己的目标，在合适的时间做合适的事

如果能在合适的时间做合适的事，那么我们在工作时将会更加轻松。该努力的时候，一定不要让自己闲着，否则等到别人轻松的时候，你可能依然活得很累。你就会感慨，如果当初努力一点，现在也许会有不一样的结局。现在我们虚度的每一寸光阴，以后都会成为我们的耻辱。

在合适的时间做合适的事，就需要平衡自己想做和能做的事情。时间管理的目的是做成事情，实现想实现的目标。具体采取什么时间管理的方法并不重要，只要能实现目标就是好方法，哪怕这个方法很笨。

当然，如果在能实现自己目标的前提下，采取一些时间管理的方法，提升实现目标的工作效率，加快我们实现人生目标的速度，那就更好了。

在合适的时间做合适的事，找到合适的目标，涉及两个层面。

其一是宏观战略层面，是我们人生的目标，即需要弄清楚我们这一辈子想要什么，想要干什么。把这个事情弄清楚了，就可以专注于这个方向，不断积累，直到目标实现。如果不清楚自己想要什么，那么战术层面的时间管理做得再好也是浪费时间。

寻找自己的人生目标，别人是很难给出具体建议的。我们需要根据

自己的兴趣、自己的梦想，去探索和尝试，找到自己喜欢做的、愿意为之付出一生的事情。在找到之前，就要不停地尝试，不要害怕失败，只有不断尝试，才能获得进步。

其二是微观战术层面，是我们在一定时期内的目标，如五年目标、年目标、月目标、周目标、日目标，乃至具体做某件事情的时候设定的具体目标。

对于重要的事，我们要给自己定一个上下限：上限是完成目标列表中的所有的目标；下限是必须完成的目标；其他的目标，我们要允许自己可以完不成。设定较高的限度，我们需要跳起来才能够到，这样可以最大限度地发挥我们的能力；另外，设定下限后，如若因各种原因导致我们只能完成一部分目标，我们也不会因为没有全部完成目标而产生挫败感。

总之，我们要确立自己在某个阶段的目标，然后在这一阶段内向着目标前进。

第六章 专注力与行动力,开启你的倍速人生

做任何事都需要专注力,只要能够在一定时间内变得专注,那么做任何工作都会变得简单容易。对于我们实现目标极其重要的还有行动力,如果缺乏行动力,那么愿望永远也只能是愿望。本章将告诉大家专注力和行动力有多么重要,以及如何才能获得专注力和行动力。

带着以下疑问阅读本章

- ❖ 为什么要追求专注，专注有哪些作用？
- ❖ 你能够在工作中做到专注吗？
- ❖ 你的专注模式是否正确呢？
- ❖ 行动力为什么如此重要？
- ❖ 怎样成为一个具有行动力的人？

读完本章，你能收获什么

- 能够找到适合自己的时间专注模式。
- 能够了解有哪些专注障碍并且能够克服专注障碍。
- 能够了解行动力的重要性。
- 能够了解提高行动力的小技巧。

第一节　寻找专注的焦点

专注力是指一个人专心于某一事物或活动时的心理状态。保持专注，是大脑进行感知、记忆、思维等认识活动的基本条件。要想变得高效，就应该专注于正在完成的工作。如果工作时不能聚精会神，那么我们将会变得拖延，同样的工作任务会花费更多的时间来完成。找到专注的焦点，是提高专注力的第一步。

一、专注于至关重要的20%

我们在第二章就已经知道"80/20法则"的奇妙之处了，作为最基本的管理学原理之一，它一直在时间管理中潜伏着，当我们需要时就能马上现身。

对于大多数坐在办公室里的上班族来说，即使在办公室里待满8个小时，能够保持专注的时长也是有限的。很可能在8个小时中，我们真正全身心投入工作的时间只有2~3个小时，这与"80/20法则"是相匹配的。在这20%的时间内，我们很可能去做领导布置的紧急任务，做一些创造性的构思，或是设计新方案、为产品开发新功能、写试验报告，或是与同事、合作商一起完成小组任务等。而其余80%的时间我们会去完成很多含金量较低、不重要的烦琐的任务，如接听一些不重要的电话、回复例行邮件、参加和自己工作内容关系不大的例行会议、回答同事的问题等。

> **温馨小提示**
>
> 在办公室和同事一起进行的工作、合作，有的是对我们的工作至关重要的，如对关键项目的分析、讨论，但有的是无关紧要的，反而会产生一些额外的时间代价。当我们进行小组合作时，很可能会

出现"偏题",在逃离出现的"瓶颈"时,很可能会闲聊一些和工作无关的话题,每个人谈论几句,大量的工作时间就被占用了。所以,我们进行小组讨论时,即使是在不那么严肃的场合,也应该选择一位"主持人",由他帮助大家进行话题的引导。同时,我们在讨论前应事先用清单对每个人的意见和想法进行整理,以便可以按顺序开展头脑风暴。

现在想一想,在这一周你最重要的工作目标是什么,你花费了多少时间在这个目标上,你的产出有多少?

在思考这个问题时你会回想起,自己在这一周里做了很多常规性的、不重要的事,占用了大量的时间,而这些事和自己的工作目标关系并不大,所带来的正收益微乎其微。出现这种结果,只是因为我们已经习惯于去做这些事,或者我们觉得其他人需要我们完成这些任务。比如,我的一个朋友每天在工作时总会时不时习惯性地打开自己的电子邮箱看一看有没有人给他发邮件,这个小习惯虽然可以使他能及时回复每一封邮件,但是造成了他注意力的经常性转移,不能专注于手头的工作,而且过度分心也影响了他的工作效率。

心理学上有一种"无底洞现象",是指人们在某件事上投入得越多,不管是金钱投资、情感投资还是时间投资,要舍弃这件事就越困难。比如,当我们花费很多金钱和时间去学习某项技能时,即使后期觉得这项技能不实用了,我们也不会轻易半途而废。但在时间管理上,我们一定要努力克服这种心理,勇于放弃那些对自己的工作目标无益的小事,这样才能将专注力放在正确的位置上。

当我们不知道是否应该放弃时,可以问问自己:"如果当时我没有那么做,那么当下的这种情况我还会这么做吗?"一旦给了自己否定的答案，就意味着应该立马放弃这件事。

现在可以来找一找自己应该关注的焦点在何处了。这个过程其实并不难，根据"80/20法则"确认自己工作中最重要的20%的工作任务，它们就是我们应当专注的焦点，我们需要更多地重复这20%的工作，少做那些没有太多收益的80%的工作。

首先要明确自己手中正在处理的工作任务。 在下面的表格里填上最近工作的10项任务，它们必须是我们在工作时间内实实在在会去做的那些事，不需要描述工作内容或是列举工作计划。

你在工作中会做的10件事
1.
2.
3.
4.
5.
6.
7.
8.
9.
10.

每个人所从事的职业不同、岗位不同，列举的事也会截然不同。**现在将这10件事占据我们工作时间的比重记录下来。** 因为我们一般在工作中所需完成的任务不止10个，所以不用追求让这10件事的时间占满所有的工作时间，能够大致记录并且合理即可。这是我们需要做的第二步。

第六章
专注力与行动力，开启你的倍速人生

记录 10 件事占据时间的比重				
1.	2.	3.	4.	5.
%	%	%	%	%
6.	7.	8.	9.	10.
%	%	%	%	%

接下来，我们需要仔细思考并找出在工作时所做的这些事中最有价值的 3 件事，这 3 件事就是我们进行时间投资时能够获得更多收益的事情。写下这 3 件事并记录下它们占据的时间比重。

工作中最有价值的 3 件事
1.
2.
3.

记录 3 件事占据时间的比重		
1.	2.	3.
%	%	%

我们可以估算一下在这 3 件事上花费的具体时间及比例，理想的状态是，这最有价值的 3 件事占据的工作时间最多。将我们之前所列举的在工作中会去做的 10 件事和最有价值的 3 件事做一个比较，会对自己的专注时间有一个明确的认识，知道自己应该如何调整。接下来需要做的就是，增加最有价值的 3 件事的专注时间，减少其他事的时间比重。当然，3 件事也不是硬性规定，我们可以根据自己的情况调整为 4 件事，

甚至5件事。

找到最重要的专注时间后,需要做的就是形成适合自己的时间专注模式,并在这种专注模式下完成最有价值的工作。

二、改善你的时间模式

虽然我们倡导要形成适合自己的时间专注模式,但其实大家在阅读本书之前,就已经有自己的时间模式了。对于我们来说,一遍又一遍地重复做同样的事,自然而然会得到相同的结果,将这些结果叠加重合,就会形成属于自己的行为模式。比如,面对同样的一些工作,有的人会率先选择去完成那些容易的,而有的人却要从"难啃的骨头"下手,从繁到简。但大多数人通常不会意识到自己已经形成了某种时间模式,更不会去关注这种模式是否合理。即使工作效率低下、不能长时间专注、产出不理想,也是会去重复之前的模式,因为已经形成了习惯,这使得我们缺少了从失败中吸取经验教训的主观能动性。

以下是一些容易造成消极效果的时间模式。

(1)认为自己的时间不需要管理,工作上随心所欲。

(2)先做简单但是不重要的事。

(3)比起重要的事,每次都选择先从紧急的事下手,就如消防队长一样。

(4)在工作时不断拖延,总为自己找理由。

一旦形成这些时间模式,工作效率就会受影响,长期放任会使我们在工作甚至其他方面经常受挫。所以,我们首先需要做的是找到自己现有的时间模式,改进这种模式,最终形成积极的时间模式并专注于它。

下面的一些方法可以帮助我们了解自己现有的模式。

(1)把自己当作他人来对待,观察"他"的时间模式。

一般来说,我们要找到自己的时间模式并不容易,但是找到他人的时间模式不需要费太大力。我们可以将自己想象为一位老师，这位"老师"将从外部观察我们，并且告知我们目前的时间模式所存在的问题。如果我们处于一种游离于自我以外的状态，就不会对观察到的东西产生任何的特殊感情，不会因为内疚、尴尬而逃避，这样能够更加客观地分析现象，找到现实存在的模式。比如，我们经常会半途而废，不要觉得丢脸而试图掩饰，而要指出来并正确分析它。

从外部观察每种情景下自己会怎样做，若发现问题，就要勇敢地指出来，不要遮遮掩掩，最好记录下来。这位"老师"可以通过列出清单的方式从各方面来观察及检测我们的时间模式，并给予我们相应的指导。

（2）观察周围人的时间模式有哪些问题，然后看看自己是否模仿了这些时间模式并同样存在这些问题。

我们会被周围的环境所影响，父母、同事、朋友的时间模式都可能被我们所复制。因此，可以先找出他们的时间模式中所出现的问题，然后对照检查自己是否也有这些问题。比如，我们的父母有拖延症，很可能我们从小学开始在完成作业方面就会不自觉地拖延了。

（3）向他人寻求帮助，借他人之手找到自己的时间模式。

通过询问他人了解自己的时间模式，是一种最直接的方式。虽然他人不可能了解我们利用时间的全部方式，但他们可以在一定程度上观察到我们外在表现出的问题，特别是当几个人都发现了我们身上具有的相同的时间模式，那么他们的发现很可能就是正确的。

可以询问他们："你觉得我利用时间的方式怎么样？""我在哪些地方做得还不够好，浪费了时间？""你觉得我应该怎么做才更好？"不过也要小心"忠言逆耳"，要以平和、虚心的态度对待他人的回答，这样才能准确找到自己的时间模式。

找到自己的时间模式后，将它们粗略地记录在下面的表格中，然后看看它们是不是阻碍我们高效的罪魁祸首。

记录下你的时间模式	
1.	
2.	
3.	
4.	
5.	
6.	
7.	
8.	

接下来需要做的就是改变这些会为我们带来消极影响的时间模式了。改变的过程就是不断尝试、不断犯错的过程。不要奢望刚开始就能使自己的时间模式"华丽大变身",一劳永逸是行不通的,我们要在屡战屡败中逐渐弥补自己的不足。将上面表格中记录的时间模式中最影响自己效率的3种消极模式列出来,并且写上改变的方法。

最影响你效率的3种模式	
1.	
改变的方法	
2.	
改变的方法	
3.	
改变的方法	

对于小李来说,在工作时存在的最影响他效率的时间模式就是过度安排时间。小李是一个典型的"细节控",他希望将自己的时间安排得尽

善尽美。但正是由于过度追求将时间安排得尽善尽美，他真正能够做到的远远少于他最初想要做到的。他筋疲力尽地想要做好每一项工作，结果时间不够，只能放弃质量忙于赶工。由于结果和自己最初的计划大相径庭，他心情低落、沮丧，面对领导的指责有苦难言，工作积极性越来越低。

在发现这个问题后，小李删去了计划清单上大量的不重要的任务，保持专注于最重要的几项，并且为自己预留了一些空余时间来处理紧急任务。

影响小李效率的消极时间模式

将时间安排得过于详细，追求的过多，完成的太少。

改变的方法：只安排那些重要的工作项目，不用面面俱到，预留一些时间处理紧急任务。

第二节　克服专注障碍

找到了自己的专注焦点就意味着已经向自己的目标前进了一步。这一节主要介绍我们在专注时会遇到的诱惑、障碍，以及应当如何去克服它们。

一、在碎片化时代保持专注

碎片时间指的是不同于固定时间段的一天中零散的短小的时间段，它通常处于时间段和时间段的间隙，一般情况下，我们不会为它做充分的计划和安排，如等电梯时、等公交车和地铁时、乘车时等一些分散的时间。特别是在信息时代，我们工作、生活中所呈现出的零碎时间段越来越多，每个人每天都手握不少碎片时间。

我们可以先来算算自己每天大概有多少碎片时间。

时间	持续时间	做了什么
早上起床 — 开始上班	（1） （2） （3） （4）	
上班 — 开始午休	（1） （2） （3） （4）	
午休 — 午休结束	（1） （2） （3） （4）	
上班 — 晚上下班	（1） （2） （3） （4）	
下班 — 晚饭时间	（1） （2） （3） （4）	
晚饭后 — 就寝	（1） （2） （3） （4）	

对于上班族来说，可能会产生的碎片时间包括上下班坐公交车或地铁的1个小时，午饭后的1个小时，外出到相关机构办事路途中花费的30分钟，外出吃饭时等待上菜的20分钟……将它们加在一起也是一段不短的时间，所以把碎片时间当作"边角余料"丢弃，是不理智的，对

于时间管理是有害的。

我们一般会如何度过这些碎片时间呢？下面是小李利用碎片时间的方式，我们可以看看自己是否也是这样利用的。

7:30—7:40：起床之前先拿出手机看是否有新的微信消息，如果有，一一回复。

8:00—9:00：乘地铁到公司上班这段通勤时间里，拿出手机刷刷微信朋友圈、刷刷微博，或是回复电子邮件。

12:30—13:00：午饭后和同事闲聊。

18:30—18:45：下班后参加朋友聚会，在等朋友时拿出手机看看购物网站，浏览一下当天的新闻。

22:30—23:00：睡前再刷一次朋友圈，和朋友用微信聊一会儿天。

由此可以看出，小李的碎片时间几乎都被手机、网络占据了，虽然我们可以利用碎片时间进行休整、娱乐，但也应该将之加入我们的时间投资计划，用它们来学习、工作、培养兴趣爱好等。

除了完成工作外，下面这些碎片时间的利用方式可供我们参考。

（1）写清单。做计划清单是时间管理很重要的一部分，如果觉得做计划清单很浪费自己的工作时间，那么不妨在碎片时间里来完成它。现在很多人喜欢使用手账本，一大原因就是它小巧精致、便于携带，可以随时随地记录一些计划安排。此外，现在市面上有很多手机 App 也可以用来记录时间安排，不管是在行驶的公交车上，还是在吵闹的饭馆，都可以拿出手机或手账本做计划清单。

（2）阅读。现在很多人都在抱怨自己没时间阅读，其实利用碎片时间每天读几十页书也不失为一种良策。我们可以随身携带一本书，在空闲时阅读，如在公交车、地铁上阅读。除了阅读纸质图书，还可以利用 Kindle 等电子设备阅读电子图书。利用碎片时间既可以阅读自己喜欢的名著、和自身职业相关的书籍、能够提升某种技能的书籍，又可以用手机 App 读一些文章，不过要注意，不要陷入手机时间黑洞。

（3）学习一些新技能。我们可以利用碎片时间学习新的语言、新的办公技能，了解一些未知领域的新知识，以及培养自己的兴趣爱好。即使可以用来学习的碎片时间并不长，但只要长期坚持就可以使自己受益一生。各类手机 App 为我们在各方面的求学提供了方便，对各行各业都有涉猎，有很多内容供我们去取用、学习，很多音频课程、视频课程也能通过手机免费收听、观看或低价购买后使用。学习的途径很多，就看我们是否有主动学习的心了。

在碎片化时代，我们所面对的信息往往是分散的、数量巨大的，我们要保持专注，一方面要将碎片时间利用起来，另一方面也不能放弃原本的工作时间，它们才是我们完成工作的主体，我们绝大多数的工作任务都是在这些固定的时间段内完成的。

要想获得专注，就必须分清楚我们是在真正有效地利用碎片时间工作，还是在徒劳地将工作时间碎片化，两者其实是两种截然不同的工作态度。前者对于我们管理时间是有益的，是充分利用可能会被浪费的零散时间进行一些简单工作。而后者是将整段的工作时间人为地割裂成多个小段时间，再穿插处理不同的事情，这样做反而会使我们的注意力转移，影响效率。

例如，小李每天都有一些工作邮件需要处理，处理这些邮件需要的时间不多，但是每天都必须完成。因此，小李一般会利用乘地铁的时间、等电梯的时间，用手机查看这些邮件并及时回复，这样一来他就有效地利用了碎片时间来完成工作。毕竟大多数的电子邮件都不长，需要回复的内容也很简单，用手机完全就可以处理，没有必要非得在工作时间通过电脑去完成。

但是，将工作时间碎片化则不一样，我们更多的是把工作时间作为时间段来使用，在这段时间内专注于手里的工作，才能将这些工作高效率、高质量地完成。比如，我们本来有一份工作报告需要整理，这份报告很重要，需要花费不少时间才能完成，但是在写报告的过程中，如果将工作时间碎片化，一会儿和同事聊天，一会儿刷刷朋友圈，或是写一会儿报告又去回复邮件，甚至去完成其他更简单的任务，我们的注意力将不断转移，专注和高效当然就不翼而飞了。

我认识两个实习生，做着差不多内容的工作，实习岗位采取的是弹性工作时间，每天保证到岗一定的工作时间即可。一样的时间、内容，但他们最终的效率大相径庭。

实习生 A 会像正式员工一样，每天早上 9 点之前按时到达公司，上午在办公室专心完成工作，通常工作任务的完成情况不逊色于正式员工。他的工作模式是尽量为自己创造不易分心的工作环境，如将手机调成振动，屏蔽掉邮件、网页和其他社交软件的提醒功能，更不会时不时地查看微信信息，只在自己规定的时间去检查有没有工作邮件和信息。有时候为了完成特别重要的工作，他还会主动到没有人的小会议室里工作。他的工作时间都是整段使用的，很少将它们分割，也不让自己轻易受到其他事情的影响，因此能够做到最大限度的专注。这样做的结果就是，他从不加班，但能把工作按时按质完成，因而受到了老板的表扬。

实习生 B 每天基本 10 点之后才缓缓来到办公室，看看邮件，完成几项简单任务，玩玩手机就去吃午饭了，重要的工作都积压了下来。下午工作时，他总是还没做完前一项工作就觉得非常困难，然后又去做后一项简单一些的工作。因为到公司的时间晚，再加上白天不够专注，所以不得不晚上加班，每天都很晚回家。

在管理时间时，因小失大是不可取的，我们要抓住碎片时间的前提是，已经用好了正常的工作时间段，因为它才是我们专注、高效工作的秘诀。利用碎片时间工作并不是为了时时刻刻工作，而是为了将省下的整段时间留给生活，从而更好地平衡工作和生活的关系。

二、成功应对最后期限与多项任务

很多人做事习惯一拖再拖，因此设置最后期限是很有必要的。对于规定了期限的任务，我们希望能又快又好的完成。

先来看看如何设置最后期限。有一种方法是运用逆向思维，从目标开始反推工作步骤，这种方法对于设置期限有困难的人是很有效的。

比如，周一，领导给小王安排了一项工作任务，让他协助策划并准备一场产品讨论会，讨论会计划在周五举行。那么，从逆向来看，倒推步骤如下。

周五：讨论会正式开始。

周四：检查所有设备是否可用，重要东西是否无遗漏；检查场地是否安排到位，布置是否完成；检查重要的PPT、视频、讲话稿等资料是否齐全。向所有拟到场人员发送确认邮件，再次通知时间、地点及其他注意事项。

周二和周三：和主讲人一起准备好所有资料，合作完成PPT、视频、新产品构思说明、市场调研报告等相关资料。

周一：通知所有要参与这项工作的员工相关事宜，并分配好各自的工作。

面对大部分需要花几天时间才能完成的工作，我们都可以这样将它们分解。如果希望自己能够在期限内顺利完成工作，那么可以运用逆向思维，将每一步工作倒推出来，然后安排好每一步的完成时间，这样就不怕进度被打乱了。

在计划的过程中，我们需要为每一步工作都预留充足的时间，当然，最初我们都希望实施任务的过程能按照计划按部就班地进行，但事实往往并不会如我们所愿，实际上每天都有很多意想不到的情况发生，导致计划偏离最初的轨道。因此，我们需要留下一定的时间使任务重新回到正轨。比如，突然身体很不舒服，需要休息一天，这天我们就不能工作了；电脑坏了，一些文件不能及时获取。我们必须提前考虑到这些突发情况，做好紧急情况预警，在最后期限到来之前及时完成工作。

要想成功地从结果逆向反推出井井有条的任务进程，方式就是进行工作任务的具象化管理。小王作为公司产品发布会主办方的主要人员之一，需要上台讲话，当他对此进行具象化管理之时，会很自然地用一个具体的目标来替代讲话本身。

在具象化管理之前，我们需要尽量放松，可以闭上双眼进行几次深呼吸来调节紧张的情绪。然后使自己进入一种状态，想象自己现在已经完美地实现了自己的目标，完成了此项任务，在这种状态下用心感受情绪有什么不同，并且思考：人们会对此作出哪些评价？我们处于一种什么样的环境？周围都有哪些人？自己现在的感觉如何？就像正在被记者采访一样，说出自己的真实想法，不用去刻意逢迎任何人、任何事，给自己足够的时间，让一切顺其自然。

回归现实后，马上记录下这一切，可以记录在便笺纸或是备忘录上，方便以后随时进行查看，找出那些自己认为在达成目标的道路上所必须经历的步骤，并将它们按照时间的先后顺序重新进行排序，从开始目标起到达成目标结束。也可以通过想象后半部分的多个场景找出其中的不同，帮助自己调整步骤，形成最佳模式。

对于小王来说，他可以想象自己已经圆满完成了讲话的任务，并且受到了周围人的表扬，讲话开展得很好，上下环节衔接紧密，他按照讲话稿上的内容有条不紊地完成了讲话。回到现实后，小王将每个步骤记录下来，以及感受在这个过程中自己应当有怎样的心态、怎样的情绪和怎样的表现。

在记录步骤时，可以采用"3D"原则对每一个步骤进行判断。"3D"

就是 Delete（删除）、Delegate（委任）以及 Do（执行）的缩写。这个原则是指，当我们在计划每个步骤时或者完成每个步骤前，需要对这个步骤进行取舍判断。当这个步骤与实现目标无关紧要时，就放弃它。如果可以让别人去做而自己可以节约更多时间，或是有其他人比自己做得更好，就委派给他人，只要付出的成本在合理的范围之内即可。如果某个步骤是至关重要的，不能由别人代劳，需要自己用心去完成，就记录下来，按时按质去完成，不能逃避。

虽然我们一再强调在时间管理中一次只做一件事非常重要，但是很少人能享受到手中一次只有一个任务需要去完成的奢侈待遇。我们经常面临的情况是，同时有多个任务需要去处理，能够成功应对多个项目对于我们获得专注力也是非常重要的。

我们面对这种情况时，可以采取以下一些办法。

（1）手中任务不是很多的情况下，**将每项任务分解**。首先为每一个步骤设定期限，之后就可以通过最后期限将任务进行新的排列组合，从而了解自己在某个时间段应该去做哪些事情。

（2）**将相同或相似的活动放在一起**，安排计划时将它们看成一个整体。比如，现在有两个项目都需要去网上收集资料并进行外出调研，那么我们可以先完成网上收集资料这一步，然后将两个项目的资料都整理好,再外出办公。这样既可以节约行动转换时间,也可以使工作更有条理。

（3）利用完成一项重要任务的空余时间去促进另一项非重要任务的进展。有时候在完成一项任务时会出现一些节点,我们需要在这些地方停留。比如,在办理某项合作业务时,对方还没有准备好,让我们明天再去,这样我们就会有一些被动的留白时间,可以用来做一些不会影响当前工作的事情。

（4）完成一个任务时,发挥主动性,留心一下这个任务的处理方法是否可以运用到其他任务上。很多有创意的处理方法都是人们灵活"嫁接"得来的。

（5）如果有选择的余地,最好不要让各个任务的截止时间靠得太近,以免自己会力不从心、完成任务时手忙脚乱。根据"3D"原则,当我们可以将任务分配给他人完成时,可以将任务交出去,以使自己能够集中注意力完成手中这项最重要的任务。

三、通过专注实现目标的途径和方法

我们在集中注意力时常常会有很多障碍,使我们变得难以保持长时间的专注。下面来看看阻碍我们实现目标的一些障碍,以及克服障碍的方法。

在信息时代,互联网确实是阻碍我们专注的最大敌人。据观察,有不计其数的人都有这样的习惯——隔一段时间就拿出手机瞧瞧。我们总是无法克制自己对网络的迷恋,即使有时候初衷是利用手机或电脑去工作或学习,但最终总会不自觉地陷入时间黑洞,或是直接放弃计划好的事,转而去娱乐了。

要想变得专注,我们需要减少自己对网络的依赖,不要时不时地打开社交软件或是新闻网站。可以将手机放在看不到的地方,这样自己想查看手机时会更加费力,就不会时时刻刻想要看了;还可以对手机和电脑进行屏蔽设置，关掉一些不必要的软件。

此外，如果工作比较灵活，不需要全部工作时间都待在办公室的话，那么可以去没有无线网络的咖啡厅工作，或是关掉家里的网络再开始工作，并将需要用网络的工作集中起来，在专门使用网络的时间里完成。有的人习惯随时查看电子邮箱，这个习惯也应当改掉，如果不是从事客服等必须经常查看电子邮箱的工作，一天查看3~4次就足够了，可以将查看电子邮箱的时间固定。养成习惯后，即使处于有网络的环境，也不会那么频繁地去看App、新闻网站、电子邮箱了。

时间模式具有很强的稳定性，习惯一旦养成就没那么容易改变了。特别是当一些阻碍我们专注的行为还涉及他人时，那么想要改变更是难上加难。比如，小王一直有和几个同事外出吃午餐的习惯，在午饭后大家还会一起去咖啡馆喝杯咖啡、聊聊天，现在小王希望能改变这个习惯，将这段时间用在工作上。马上改变习惯很难，于是小王从暂停这个行动入手，先告诉同事自己最近很忙，暂时不和他们一起去咖啡馆了，等过一段时间后，如果中午有了空余时间，就再次参加这项活动。如果已经习惯了不参加并且希望用这段时间做些别的事，那么可以完全退出。

所以，当马上改变很难时，可以先试着暂停或者是改变其中一部分，这样更有利于我们接受改变。

坚持专注总比进入专注要困难得多，不能坚持也是我们专注路上的一大敌人。当投入某件事情一段时间后，我们的热情将会慢慢退去，"三天打鱼，两天晒网"是很常见的。在这种时刻到来时，我们一定要找到一些能够支持我们继续专注的东西，或是找回初心、坚定信念，或是得到朋友、爱人以及家人的支持，抑或是获取一些外部监督。

我们一定要明白，任何目标的实现都离不开坚持。专注很难，但是只要再坚持一段时间，我们的收获会很大。

> **温馨小提示**
>
> 我们还可以通过外部的力量来实现专注。这里给大家推荐一些帮助我们提高专注力的食物。
>
> 黑巧克力。黑巧克力能促进血液流向脑部,每天吃点黑巧克力有助于预防记忆力退化。同时,科学研究发现,黑巧克力还能刺激大脑神经递质的释放,帮助我们保持专注力。
>
> 绿茶。有人用绿茶来提神,这主要是因为绿茶中含有L-茶氨酸、氨基酸等多种成分,能增强阿尔法脑波。有很多人不喜欢喝咖啡,那么喝绿茶是一个很好的选择,可以达到放松心情、集中精神的目的。
>
> 薄荷。薄荷的香味有助于减少焦虑、缓解疲劳、增强工作动力。
>
> 鱼类。鱼类的摄入可以向大脑提供优质蛋白质和钙。淡水鱼所含的脂肪酸多为不饱和脂肪酸,能保护脑血管,对大脑细胞活动有促进作用,有利于集中注意力。
>
> 蓝莓。研究表明,吃蓝莓等暗色的浆果有助于降低患阿尔兹海默症的风险。此外,常吃蓝莓还可以提高注意力和记忆力,这主要是因为蓝莓中富含各种抗氧化剂,可以使大脑运行更快,面对复杂的脑力劳动也就不那么困难了。

○ 请确定你需要通过专注获得的成果:

○ 接着厘清你的障碍。

我的障碍有:

克服的方法：_____
_____
_____

完成情况（自我评价）：_____
_____
_____

第三节　行动才是时间管理的真正起点

明代思想家王阳明曾说："知是行之始，行是知之成。"倡导我们要知行合一。这句话说的是，认知是行动的前提，行动是认知的体现，光有想法而不去付诸行动是不行的。在时间管理上也是如此，树立再合适的目标，制订再完美的计划，不投入行动就什么也不是。

一、缺失行动力，将一事无成

有的人逢人就说正在减肥，可是几个月过去了没有丝毫进展，减肥仍旧只是一句口头禅而已，每天吃油腻的大餐，连一次也没有运动过；有的人立志说要早睡早起、每天读书，可每天玩手机到深夜，第二天睡到日上竿头的情况从来没有改变过，买来的书翻了几页再也没有动过；有的人在谈及自己的目标和理想时踌躇满志，该行动了却畏畏缩缩，找各种理由自我逃避，总是对自己说："明天再开始也还来得及。"

这样的现象在当今社会可不是个别现象，我们身边的很多人包括我们自己，每天都停留在"说"的层面，一到该"做"了，不是一直拖延就是直接放弃，这需要我们高度重视。

下面请大家自我检测一下自己是否有以下的问题，如果有，在右边的方框内打"√"。

（1）面对事情无从下手，有了目标，却不知道方法，从而暂停或放弃接下来的步骤。	☐
（2）在做事的过程中缺乏思考、缺乏技巧，继而结果不好导致自己对下一步的行动产生怀疑。	☐
（3）定下目标，却缺乏基本的行动力，懒惰占了上风，做什么都无法坚持下去。	☐
（4）缺乏目标，对未来没有规划和向往，不知道该往哪儿去，混一天是一天。	☐
（5）有了目的，有了计划，但总是被他人影响，最后总是偏离自己的目的，甚至做了完全相反的事情。	☐

接下来看看你属于哪种类型。

（1）做事犹豫型 ☐	（2）做事冲动型 ☐	（3）懒惰懈怠型 ☐	（4）迷茫型 ☐	（5）无知盲目型 ☐

无论属于以上哪种或哪几种类型，都是缺乏行动力的表现。我们在开车时，可以选择眼前的各条道路，可以预先设定自己最终要到达的目的地，但是如果我们不启动汽车，那么无论过去多久都还是停留在原地。

我们所说的行动力，是指在能够制订清晰的目标的基础上，具备一定的自我协调能力和控制能力，能够坚持实现目标，不在半路轻易放弃。同时，能够去突破自己，实现自己想做而不敢去做的目标，或是克服自己的短板。

我们可以以个人在实现目标过程中所表现出的特质为基础，重点围绕个人实现目标的主观能动性，掌握有效方法的数量，以及运用行动工具的具体程度来综合评价个人行动力的等级。具体可以分为以下几种级别。

（1）入门级：属于行动力弱，需要立即提升的级别。有想法但主观能动性较弱，在行动中害怕冒险，有时犹犹豫豫；面对工作中的困难与挫折时勇气欠佳，导致行动了却不能坚持，耐力不足；行动中很容易受到外界的影响，对自己缺乏自信，目标不坚定，由于自我质疑而使行动受阻。

（2）初级：有一定的行动力，但是行动中的创新精神还不足。树立了目标，敢于主动出击，承担相应的工作与职责；敢于不断尝试，不惧怕困难与挫折，即使有失误也能坚持下去。

（3）中级：主动性很强，具有一定的创新精神和能力，工作效率高。敢于打破固有模式，敢于用新办法、新思路解决问题或对原有工作进行创新；能够立即采取行动，有很强的主观能动性，对于上级安排的工作总能按时或者提前完成；面对工作中的困难与挫折，坚持尝试通过各种方法去克服，从不半途而废；能有效运用行动工具，通过各种技巧与方法使自己的精力与行动力的转换度更高。

（4）高级：主动性和创造性很强，能够通过工作创造出极大的价值。能够快速将主观能动性转化为有效的含金量高的工作价值，创新精神和冒险精神强，非常愿意通过不断尝试创造从无到有的成果；面对过程中的困难与挫折毫不畏惧，坚持走自己的路，有足够的行动力去实现目标、管理目标。

二、最有效的是立即行动

桥水基金创始人雷·达里奥曾介绍他能够取得如此大的成就所应用的原则，我们可以将它总结为5个步骤。

第一步：关于目标。目标要清晰明确，回答自己"我要什么"并记录下来。行动的开始就是确定自己的目标，找到方向，运用SMART原则将目标写下来。比如，今年要让自己的微信公众号关注量增加一万人，下半年销售业绩要突破一千万元,等等。

第二步:关于计划。行动之前要有计划,不盲目、不冲动,不要进行到中途才发现这条路行不通。在这一步回答自己"我该做什么"。

第三步:关于行动。这一步是整个原则的核心,按照计划去行动,并完成它们。在这里需要回答"我做了哪些行动?在实施过程中有哪些问题",不要害怕出现问题,我们需要获取一些冒险精神来帮助自己。

第四步:关于反思。通过反思,找到解决行动中出现的问题和失误的关键,回答自己"造成问题的原因何在",找到正确的影响因素后为每个问题制订相应的对策。比如,我们在网上开店不成功,首先要确定是卖的东西不受欢迎,没有前景,还是卖得太贵;是高于消费者预期,抑或是宣传不到位等,从而找到自己应该改变的地方以及改善的方法。

第五步:关于改进。将自己的反思和解决问题的对策转化成计划方案,然后按照计划方案一步步落实。反思和改进通常是不能一步到位的,需要多次实施以使行动达到最好的状态。

面对每一个行动,我们都必须要认真做好以上 5 个步骤中的每一步,并且要按顺序一步步落实下去,不能为了省事,跳过某一步,或者合并某几步。这 5 个步骤里最难也最需要我们去注意的是"目标"和"反思"这两步。一旦行动出现任何问题,我们不能得过且过或暴跳如雷,要主动去反思,找到解决的方法。对于目标,我们要有足够的重视,尤其是长远目标,时间久了容易忽视它,因此要将它分解到自己的计划中,并且实时给自己的行动"导航"。

在这 5 个步骤中，我们要使自己的目标得以实现，就一定要进行有效的行动，"行动"这一步骤非常重要。在有了计划后，我们不能过多地犹豫，要立即行动。

做一个实干家。 "空谈误国，实干兴邦"，要实现目标最重要的就是去实践，否则空想只是空想。没被付诸行动的想法，在脑子里停留得越久就会越弱，渐渐地，细节就会变得模糊，一段时间后，想法再好我们也会抛弃它。要时刻提醒自己做一个实干家。

想法本身不能带来成功，好想法配合好行动才能成功。 想法是很重要，但是它只有在被执行后才有价值。一个被付诸行动的普通想法，要比那些"改天再说"的好想法更有价值。如果总是等啊等，找各种理由推脱，那么最后时间用完了，目标仍然遥不可及。要记住，如果不行动起来，那么想法永远不会被实现。

用行动克服恐惧、担心。 我们在尝试有些事情之前总以为自己无法做到，如参加辩论比赛前，我们会特别紧张、害怕，甚至想临阵脱逃，但是当比赛过后，我们会发现辩论一点也不可怕，自己也可以口若悬河地畅所欲言。万事开头难，一旦开始了，恐惧也会慢慢消失，行动是治疗恐惧的最佳方法。一旦行动起来，我们就会建立起自信，事情也会变得简单。

机械地发动自己的创造力。 人们对创造性工作最大的误解之一就是认为只有灵感来了才能工作。灵感确实很重要，但更多的工作需要我们按部就班地进行下去，与其浪费时间白白等待，不如机械地发动我们的创造力马达。有时候我们坐在电脑前开始工作时，脑筋一动，灵感也就来了。

立即进入主题。 犹豫和等待会降低我们的行动力，立即行动起来，工作效率会高出许多。

第四节 成为一个拥有行动力的人

光是了解了行动力的重要性远远不够,我们还需要做的是让自己的行动力变得更强。要具有强大的执行力,重点还是要依靠自己,但是也可以通过一些方法使自己在培养行动力上走得更快。本节将为大家提供一些提升行动力的小技巧,希望大家选择适合自己的技巧,并将它们运用到实践中,使自己努力成为一个拥有行动力的人,从而更快进入时间管理者的角色。

一、职场人际沟通术帮你提升行动力

身处职场中,总是需要和身边的领导、同事沟通。即使是需要长时间一个人待着的职位,如编程人员、设计师,也是需要交流沟通才能更好地完成工作。良好的人际沟通能够帮助我们更好地在团队合作中完成工作。

1. 投入行动,切忌空谈

早在中国古代就有"纸上谈兵"的警示,据《史记》记载,战国时赵国名将赵奢之子赵括,年轻时学习兵法,谈起兵事头头是道,和他父亲相比也毫不逊色。后来他接替廉颇成为赵将,出兵打仗,在长平之战中却只知道依据兵书行事,完全不懂得变通,结果赵军被秦军打败。

现在仍然有很多人只顾着空谈,将场面话、大话、套话说得非常好听,不管是在个人工作时还是在团队合作中,总是能口若悬河、妙语连珠,引得大家赞叹。但是细听之下才发现根本不切实际,只是夸夸其谈,或是承诺了却根本不去执行,最后说得再好听的话也只是"话",根本没有落到实处。有的人说自己想去考某个行业的资格证,说了一整年,但是连学习的参考资料都没有准备;有的人为公司提了很多意见,结果自己却一点也没有做到。我们在工作中一定要杜绝这种行为,一旦决定了某事,做好了计划,就要去用心执行。在团队工作中有了好的主意,光

是提出来是不够的,还应当作为代表去主动执行、主动投入精力去研究,这样才能把想法落到实处,让同事真正信服。

我有一个朋友就有空谈的毛病,这导致了他在职场中屡屡受挫。不管是平时在办公室里,还是在正式的各种会议上,他总是喜欢提出各种意见,说一些他知道的新方法、新理念。刚开始时,不管是领导还是同事都非常喜欢听取他的想法,认为他是一个工作态度很好、工作很用心的员工。但是久而久之大家就发现,他提出的想法都和公司实际情况不太相符,他自己也只是说说,从来不去实践,虽然想法很多,但是真正的工作成绩远远落后于其他同事。最终,不仅同事不愿再花时间听取他的意见,而且由于业绩不佳,试用期还没过公司就与他解约了。

过度空谈只能迷惑别人一时,从长远来看,对自己是一种很大的损害。当我们在向别人不停地吹嘘自己的计划时,其实正在浪费自己的时间,做的全是无用功。与其这样,还不如先从实际入手,将自己的想法付诸实践,当有事实作为基础时,别人会更加信服我们。投入行动后,有时候不需要自己开口,周围的人也会观察到我们的成绩。

2. 学会拒绝,当断则断

我们的时间是宝贵的,当需要拒绝时,要勇敢地说出"不",否则不仅是消磨自己的时间去做无用功,到头来还需要其他人重新去完成被我们耽误了的工作。我们自己有很多工作任务需要去完成,若花费大量时间去忙着应付别人的事,那么可能两边都"不讨好",连一件事都不能及时地、高质量地完成。

当别人提出无理的、对我们而言困难的请求时,我们应该立刻拒绝,并说明原因,不要感到愧疚或是怕伤害同事情谊。当我们浪费了时间却又无法完成别人所托之事时,才是真的伤害了对方。

学会说"不",才能保证自己的时间用在正确的地方,如果一直分散精力去帮助别人,那么会使自己的时间被不断割裂,注意力也不能集中,没有办法专心工作,有时好的灵感和想法来了也不能被抓住。

因此,我们要分清轻重缓急,需要专注时要学会拒绝,可以提供帮助时伸出援手。在完成非常重要的项目时,可以告知对方:"现在我手里的工作很重要,暂时不能帮助你了,你可以等一会儿吗?如果你比较着急,那么可以去找其他人;如果不急,我完成手里的工作就去帮你看看。"

以下是一些拒绝别人时需要注意的问题。

(1)如果不能完全不被外界打扰,那么在拒绝对方的请求之前最好先耐心地倾听对方所提出的要求,这样对方才会觉得我们尊重他,才不至于引起矛盾。即使是在他述说的半途我们就已知道非拒绝不可,也要认真地听他说完。

(2)在拒绝别人时要和颜悦色,千万不能不耐烦,可以略表歉意。最好说一声"谢谢你对我的信任,但是……",如果无法当场做出接受或拒绝的决定,就要明白地告诉对方自己还需要考虑,并告诉他自己所需的考虑时间。我们可以说"过一会儿我再答复你"或"让我忙完这一阵儿,再给你个回复"。

(3)当遇到过分的要求或我们的能力办不到的请求时,拒绝时一定要表现出坚定的态度,并向对方说出理由,表明自己不会因对方的再三请求而改变决定。

(4)拒绝之后若有可能,可以帮对方分析问题,看看有哪些解决其请求的途径,但最好不要直接无解释地让对方去找别人。

3. 非重要的事情长话短说,记住"3分钟电话原则"

有时候,发邮件、接听电话等事务会在无意间占据我们大量时间,也会分散我们的注意力,减缓我们的行动力。在职场中,我们和他人交际时最好主动做到长话短说,这样既可以使自己的时间不被琐事所占据,又不会耽误他人的时间。"3分钟电话原则"是针对那些我们主动拨打的工作电话提出的，如果没有特别重要的工作项目要谈，在一般情况下，我们打电话给他人时要有意识地、主动地将每次通话的长度控制在3分钟之内（根据个人岗位和工作内容的不同，也可以适量调整时长），尽量不要偏离主题，将通话时间变得过长。

不管是打电话还是接电话都有一条基本要求，那就是长话短说，宁短勿长，注意紧扣主题，少说无关紧要的话。说太多不仅会浪费双方的时间，使对方烦躁，还可能会因为占线时间太久，错过重要来电，而给公司造成损失。

我们给别人打电话时要注意遵循"3分钟电话原则"，而当我们接电话时也要首先判断这通来电是非常重要、事关全局的，还是可以几句话说完、不用马上处理的。对于重要来电，我们应该集中精力马上去接听、处理；而对于不重要的来电，我们可以通过以下方法解决。

（1）记录下相关信息，在保证对方不需要马上回复的情况下，等待空闲时间处理。

（2）没有时间处理来电时，可以把电话转给能够提供帮助的人。

（3）可以采用集中处理电话的方法，在一段时间内把需要处理的电话一起处理掉。

4. 养成快节奏工作意识

"瞎忙"的现象在现代职场中很常见，很多人看起来很忙，但是没什么成效，工作也总是做不完。他们缺少一种工作时间观念，只等着有工作安排了就去做，没有给他们布置任务时，就拖延时间到下班。因此，我们必须要有一种紧迫感，保持一定的工作节奏。

很多会议的大量相关事项，其实和我们的工作都没有什么直接关系，但我们不得不参加，有时候我们去了也是心不在焉，或是不停打瞌睡。减少无效的会议时间也是时间管理非常重要的一项。有的人特别喜欢把会议当成表现自我的战场，总是不分场合、滔滔不绝地讲话，严重地拖慢会议的进度。因此，在会议中要有一种意识，不要滔滔不绝地说废话，而要抓住重点，在开会之前准备好发言内容，然后在轮到自己发言时直接讲述自己的内容，这样才能保证良好的工作节奏。

二、聪明人才会的团队合作技巧

一个人的智慧是有限的，但是如果将有限的智慧放在团队中就能发挥出无限大的力量。要想具有强大的行动力，就必须更好地配合团队，在团队合作中发光发热。

1."事必躬亲"并不是好习惯

有的人在工作中为了证明自己的能力，喜欢什么事都参与，但这对于我们提升行动力来说并不是一个好习惯。要知道，行动力强的人不是每件事都做的人。做太多事只会让我们疲惫不堪，无法将精力集中在重要的事情上，团队合作就是要让每个人的优势互补，而不是各做各的。

一个人就算业务能力再强，也不是行行精通的，更不可能每件事都能办好。过多的干涉每件事，会使别人认为我们在"瞎指挥"，别人也不乐于去听我们的意见。很多领导做得不成功，就在于他们把员工该做的事也做了，搞得自己忙碌不堪，反倒在重要的事情上疏忽了。

因此，我们要学会分辨哪些事是必须亲力亲为的，哪些是可以分配给别人的。就像我们可以选择自己做饭，也可以选择去餐厅吃饭一样，如果我们会做饭，那么很可能会考虑自己做，但是如果我们根本不会做饭，那去餐厅吃饭肯定是首选，因为勉强自己做饭是不理智的行为。我们分配任务就是希望能在最短的时间内得到最好的结果，让事情完成的效率更高。

过去美国的胶片巨头柯达公司在制造感光材料时，需要有人在暗室工作。但一般员工进入暗室后，由于没有灯光，行动会十分不便，根本不能正常地完成工作任务。针对这种情况，有一位经理突发奇想，向公司提出建议："盲人习惯于在黑暗中生活，如果让盲人来干这种工作，工作效率会比视力正常的人更高。"于是，柯达公司决策层就做出决定，将暗室的工作人员全部换成了盲人，成功地解决了难题。

在暗室里工作，盲人远远胜过正常视力的人，柯达公司不是固执地让正常视力的人工作，而是转换思维方式，将短处变为长处，巧用盲人这一行动不仅提高了劳动生产率，给公司增加了利润，而且给公众留下了好印象。

在团队合作中发挥自己的优势，在自己的岗位上把自己的事情做好，这才是正确的行动方式。

2. 了解他人的时间管理模式

在一起工作时，了解同事或是合作伙伴的时间管理风格，能让我们在行动时更有效率。

每个人都有自己的时间管理模式，在与任何人合作之前，我们可以观察、调查一下他们的时间管理有什么特点，从而决定是否要与对方合作，以什么样的方式合作。一般而言，如果对方的时间观念不强，根本不注意管理自己的时间，整天都在东忙西忙、毫无重点，那么他可能不是很好的合作伙伴，在工作中没有什么效率，也会影响个人的业务能力。这时，我们可以选择放弃与这个人合作或是提醒他注意增强时间观念，以免耽误工作进度。很多企业家都把守时和工作效率高这两个好的工作品质作为寻找合作对象的重点参考因素。

时间管理模式相似的人在工作时默契度会更高，在思维方式上也会更契合，双方合作起来也会更愉快。而和比自己更懂时间管理的人合作，就是给自己提供一个学习、模仿、成长的机会，通过在团队工作中配合对方来达到提升自己时间管理能力的目的，在合作中也无须担心工作效率不高的问题。

3. 团队合作中组织协调很重要

作为领头人或是协调者，将工作分配给其他人时要做好协调工作并不容易，特别是人一多，就更加混乱了。可能有一些任务很多人都去做了，造成了人力资源的严重浪费，而其他一些任务却无人问津，导致整项工作不能按时完成、一拖再拖。各部门集中于同一件事也会造成各部门之间的相互干涉，从而引发矛盾，使得行动出现障碍。在安排工作时，我们要把每个部门，每个人的任务和职责划分清楚，不能出现模糊和重叠的情况。让每个人都明确自己的职责所在，做起事来行动才会更快。

如何才能使团队工作的行动更协调呢？

首先，要划分好每个部门、每个人的工作职责和权利，这是在合作项目开始之前需要完成的工作。只有让每个人都对自己的任务有了明确的认识，大家才能各司其职，每个人都行动起来并形成一个能力巨大的整体。

其次，在团队合作时，每个人之间的沟通与联系也非常重要，其中一个人把工作做得再好，如果缺少其他人的配合，那么也会导致工作进行不下去。比如，对于图书出版来说，没有作者提供稿件，根本不能开展下一步工作；而没有出版单位制作合格的图书，发行部门也就没有了工作的对象。

最后，要注意相互配合，听从指挥。团队中的个人切忌一意孤行，只按照自己的思路办事，等到工作进展到后期才发现无路可走了，白白浪费了大家的时间。试想一下，如果每个人都只按自己的想法办事，那么工作只会一团乱。

三、获取有效信息，才能更好地行动

在这个信息爆炸的时代，我们每个人每天接触的信息是数不胜数的，我们要花费心思去分析、选择和判断。过多的信息会拖慢我们行动的脚步，在工作中我们要尽量以最快的速度获取到有效信息，将无用信息剔除，避免它们妨碍我们的判断力和执行力。

1. 手里掌握的信息并不是越多越好

互联网的飞速发展，的确给我们带来了非常多的便利。我们想要查询一本书时，再也无须亲自去图书馆在一排排书架中浏览，只要输入书名搜索就能获取自己想要的信息。我们对某件事情好奇时，只需要在论坛上发个帖子，就能和全国甚至世界各地的人轻松交流，每一秒中都会有数不尽的信息产生。

但是，信息太多了并不是一件好事。海量的信息增加了我们的焦虑感，使我们变得无从选择，花费了很多时间都无法筛选鉴别所有的信息。我们还会发现，无用的信息越来越多，它们大大降低了我们对时间的利用率，导致拖延接踵而至。

我们可以采取以下措施避免受到信息泛滥的危害。

（1）带着明确的问题去寻找信息。

查找信息时，学会筛选很重要。尽量不要一开始就漫无目的地浏览信息，而要先明确自己的问题和要求，再基于问题去找寻信息，并且要设定明确的目标和边界，这样会大大提高我们接收信息的效率，避免被过度干扰。比如，在搜索引擎上查找时，输入更精确的关键词，会让我们的效率更高。

（2）减少推送信息，设置分组查看。

微博、微信公众号每天都会向我们推送大量内容，但实际上我们可能关注了上百个公众号，它们每天的推文对我们有用的寥寥无几，很多推文我们根本就不会打开。我们最好只关注重要的公众号，以免被无用信息干扰。此外，分组查看也是一种查找和删选信息的良方，只看重要的关注人的信息，如果可以，尽量不要超过20个人。

2. 学会辨别信息真伪

网络包含现实与虚拟交织的数据，一方面，我们可以在网上获取无数的信息、知识、数据、情报、新闻，丰富自己的间接经验；另一方面，这些信息的真真实实、虚虚假假需要我们有一双火眼金睛，避免跌入假消息的陷阱里。

目前，很多搜索引擎的功能还不够完善，对信息相关性的排序和分类还有待改进，有很多网站的高级检索方式普通的网络用户还没有掌握。有时候，我们想学习某样东西，花在网上找学习资料的时间比真正用在学习上的时间还要多，更甚者，经常找一大堆学习资料，最后都不是我们需要的。

在网络上，我们不仅是信息的接收者，而且还可以是信息的制造者和提供者。搜索信息很方便，发布信息也同样方便，这也导致了虚假信息的滋生，严重地妨碍了我们各项行动的效率。

我们工作时经常需要通过网络调研各种信息，这时我们一定要带着质疑的精神去行动，对于网上的内容不能偏听偏信，要注意观察信息的结构和内容来源，分清楚信息的真假。一般来说，权威机构发布的信息真实度和准确度都比较高，而对以个人名义发布的信息，我们要更多地去考证鉴别，以免被误导而给公司造成损失。

此外，平时我们要不断提升自己的专业能力，拓展视野，不要让自己的思维被局限，这样才能更准确地去判断信息、消化知识。

3. 培养自己阅读信息的能力

要想行动更有效率，我们必须培养自己阅读、获取信息的能力。我们要在尽可能短的时间内，从自己阅读的东西中提取到更多有用的相关信息。在当今这个快速发展的社会，掌握快速阅读的方法，提高阅读效率，已经成为一种趋势。

在当今时代，速读是一门很流行的课程，很多的培训班都提供了这门课程，给需要提高阅读能力的人，不管是少儿还是成人。速读虽然并不能使我们达到"一目十行"，但它确实可以让我们在同样的时间内摄取更多的有效信息，在阅读和工作时效率更高。当我们掌握了快速阅读的技巧，也就意味着我们的行动力又上了一个台阶。

第七章 培养好习惯，使高效来得毫不费力

习惯是一种长期形成的思维方式、处世态度，是由一再重复的思想、行为形成的。它具有很强的惯性，人们往往会不由自主地启用自己的习惯，不论是好的习惯还是不好的习惯。我们在进行自我管理时可以依靠习惯的力量，让高效来得更容易。

带着以下疑问阅读本章

- ❖ 为什么我们要追求自律?
- ❖ 哪些好习惯会让我们终身受益?
- ❖ 人生的仪式感是指什么?
- ❖ 你在职场中有哪些好的工作习惯?

读完本章,你能收获什么

- 能够了解自律的重要性及如何保持自律。
- 能够了解通过好习惯收获高效的方法。
- 能够学习职场中一些好的工作习惯并将它们运用到实际工作中。

第一节　自律的人生更自由

自律者的自由是指一个人由于能够实现"自我控制"和做事"坚持不懈",最终达到的那种自由自在、有更多时间去做自己想做的事的层面。

自律是指在没有人监督的情况下,通过自己要求自己,变被动为主动,自觉使自己的行为符合准则。自律并不是让一大堆规章制度来层层束缚自己,而是用自我约束的行动创造一种井然的秩序来为我们的工作和生活争取更大的自由。

一个自律的人能够厘清生活中的细枝末节,让其各安其位、稳当妥帖,然后串联起井然有序又自在轻盈的人生。

一、坚持自律,你的人生会大不一样

人和人之间为什么会有差距?有时候同一时间进入公司的两个人,一个还在原地踏步,另一个却已经成为公司的管理人员,这不仅与工作能力有关,更与对人生的态度有关。在工作和生活中坚持自律,才能够不断进步,工作能力才能得到提升。

小张面临一项跟随公司部分员工一起出差的任务,在出差的过程中大家同吃同住、一起工作,根据观察,小张发现每个人的工作习惯和时间观念都大有不同。有的同事每天能够很早就起床制订当天的工作计划,一边喝咖啡、吃早餐,一边为当天的工作做准备,而且当天的精神十分饱满,在工作效率方面也是同事中的佼佼者。而另外一些同事,直到大家再三催促才慢悠悠地起床,当然也来不及吃早餐了,只能饿着肚子、顶着困倦赶赴工作场所,开始工作了却发现由于缺乏必要的准备,不能跟上大家的工作速度,导致拖慢了工作进度。

有的人能够做到自律,所以渐渐地越来越优秀;而有的人过于放纵,最终只能"拆东墙补西墙",失去得更多。

"自律"是我们经常提到的一个词,怎样才算得上是自律呢?一个人在工作日和有计划早起的日子准时起床,制订的健身计划每次都执行到位,在工作中不偷懒、尽最大努力完成每一项工作任务……这些都是自律的表现。自律就是按最高准则要求自己并能够成功遵守,做更多有益于自己的事情,对自己的行为形成内在的约束力。同时,避免做一些不理智、从长远来看没有收益的事情,如不守时、作息不规律、过于放纵自己的欲望、不认真工作等。

有的人把自律和完全格式化画等号,认为自律就是完全按照条条框框来做事,意味着没有自由,这种认识是不正确的。实际上,自律并没有吞噬自由,反而带给我们更多的自由。从时间管理上来看,一个人如果能够自律,那么他在很多方面将更高效,可以节约出更多的有效时间来做自己喜欢的事。并且,自律的人通常具有更长远的眼光,对时间的投资也就更优秀,能够得到更加丰厚的回报。《高效能人士的七个习惯》的作者史蒂芬·柯维就说过这样一句话:"不自律的人就是情绪、欲望和感情的奴隶。"自律的人行为更加理智，不会完全被自身的情感所控制，可以避免因一时的冲动而造成很大的损失让自己后悔莫及。

以下行为都是自律的表现，大家可以顺便检查一下自己是否能够做到。

（1）即使在最初的热情退去后，仍然能够坚持自己的计划，不会轻易放弃，如健身计划、减肥计划、学习外语计划、读书计划等。

（2）即使非常想玩手机，在工作时间仍然能够专心工作。

（3）能够早起工作。

（4）在工作时，同事来找你聊天，你能够抵挡住诱惑，婉言拒绝对方。

（5）只在每天的特定时间有限次地查看电子邮箱。

由于在工作和生活中自律意识和自律能力不够，我们经常会做一些计划外的事情，以及不符合常规或是没有收益的事情，并且自己还意识不到，这会在无形中伤害我们对时间的控制能力。而自律的人懂得时间管理，能够有效控制自己的时间，他们会在正确的时间做正确的事，能够约束自己的行为，知道怎样才能维持自己良好的工作状态。一般而言，自律的人会具有以下特点。

1. 了解自己，有自知之明

自律意味着我们的行为取决于我们能做出最好的决定这一信念，而非取决于我们当时的情感。自律的人一般都是非常理性的人，而不是那些具有冲动型人格的人。我们可以观察自己身边通过自律达成自己目标的人，或是职场上的成功人士，他们一定都善于根据自己的目标和情况制订计划。自律的过程需要自省和自我分析，所有自律的人一般都具有"自知之明"，能够正确地给自己的行动制订良好的规范。

2. 能够清醒地认识内在的自我和外在的环境

自律依赖于我们对自己正在做的和还没有做的事情有足够清醒的认识。自律的人需要知道哪些事是自律的，哪些事是不自律的；哪些因素能够帮助自己自律，哪些因素必须坚决远离。有了清醒的认识，才能在接下来的行动中趋利避害。

自律的过程是一个循序渐进的过程。刚开始自律时，我们要花一些时间去注意自己不自律的行为，并逐渐改正它们。随着时间的推移，这种意识会变得越来越简单，并使我们在做不自律的事情之前就意识到，而不是要等到已经开始做的时候才意识到。最终，我们将能够控制自己的时间，向着有利的方向发展。

3. 能够对自己做出承诺

在自律的过程中，我们必须不断在内心对自己做出承诺。要有意识地控制住自己，对于每个承诺都要有足够的意志力去坚持、不违背。否则，当闹钟在早上 6 点响起的时候，我们会迅速按下闹钟并想着"再睡一会儿"。或者执行一个新计划时，在热度减退后，我们会慢慢懈怠，在心里斗争到底要不要继续执行下去。

在做出承诺后，我们需要不断提醒自己，要"保持初心"——我为什么要做出这个承诺？当时的想法是什么？通过回答这些问题来说服自己继续坚持。

4. 具有极强的意志力、自信心和勇气

即使是非常自律的人也不会总是自律的，也会有冲动的时候，因为要求自己时时刻刻按规矩办事是极其困难的。情绪、欲望和感情都会左右我们，让我们的内心挣扎。培养自律的能力，就要不断增强自己的意志力，逐渐培养战胜自我的勇气。随着自律能力的不断加强，意志力也会更强，我们将获得更大的勇气，并且支撑我们自律的自信也会增强。

5. 和自己的内心交流，说服自己

自己和自己交流是我们经常做的事情，如果控制得好，它也可以变得极为有用。当我们的自律受到挑战时，我们肯定会在内心挣扎，这时应该和自己进行交流，鼓励自己并让自己放心。要知道，自己和自己说话可以提醒自己最初承诺的目标，唤起自己的勇气，并使自己对手中的

任务保持清醒的头脑。我们可以写下一些能够鼓舞自己的句子，每当有所懈怠的时候就拿它们来提醒自己。很多人在学生时代就经常使用这种方法，将鼓励自己的话写在手边，学习累了就看一看。

二、开启自律人生的捷径

首先我们要明白的是，自律的人生是不能速成、不能一步到位的。我们需要将自律内化为我们人生的一种习惯，用行动来不断实现它。

习惯是积久养成的工作方式和生活方式。习惯可用在好的地方，也可以用在坏的地方，养成好习惯对我们的人生有很大的帮助。要养成一种习惯，一般来说至少需要每天坚持三周以上，这样才能使自己适应一种新事物、新方式，适应变化和新的环境，在此基础之上还需要继续坚持，长此以往，它就可以成为我们生活的一部分，做这件事再也无须我们去衡量、考虑，自然而然就会直接实行了。

而将自律内化为习惯的最大障碍之一，就是我们成为自己感受、情绪的奴隶，也就是我们无法用理性控制自己，做到自律。

我们往往会忽视自己的惰性和陋习，不以为意，把它们当作自身的本性之一，认为它们是正常的、不需要改变的。因此，我们做任何事，首先关注的是自己的感受，把自己当下的舒适放在第一位，只跟着自己的感受走，追求轻松和享受。而勤奋和付出就被我们放弃了，虽然从长远来看，它们的收益更高。

即使明知会对健康造成伤害，我们仍然每天吃垃圾食品，整天躺在沙发上看电视，一动也不动；即使白天完不成工作需要晚上牺牲休息时间来加班，我们仍然不断拖延，在白天看手机、和同事聊天，耽误大量工作时间；各种计划执行了一两天就不再继续了，自己却还要抱怨生活得不如意……

怎样才能将自律培养成一种习惯呢？这里给大家提供一种方法，我们称它为"21天习惯养成法"。

"**21天习惯养成法**"是指养成一个习惯需要21天，也就是说，一个习惯的形成，一定是一种行为能够持续一段时间，通过科学实验，将习惯初步形成的时间推为21天。当然，"21天"是一个大致的概念，并不是完全准确的数据，具体的天数因不同的人、不同的习惯而定。有的习惯的养成需要21天就足够了，但更多的习惯养成一般需要30~40天，总之，时间越长，习惯越牢。科学研究发现，大脑构筑一条新的神经通道大约需要21天时间，所以人的行为暗示经过21天以上的重复，会形成习惯，而90天以上的重复，会形成稳定的习惯。这就是"21天习惯养成法"的由来。

我们一般将习惯的形成大致划分为三个阶段，前两个阶段是习惯的初步形成阶段，也就是"21天习惯养成法"所经历的阶段，而最后一个阶段是习惯的巩固阶段，我们在形成了习惯后还需要增加其稳定性，在不断实践中将其内化为自己天生而来的一部分。

1. 第一阶段：1~7天

这一阶段是刚开始刻意培养习惯的阶段，在这个阶段我们必须时不时地提醒自己注意改变，并刻意要求自己做到自律。因为一不留意，行为就会被情绪、坏习惯所左右，从而又回到从前或是和自律说再见。我们在提醒自己、要求自己的同时，也许会感到很不自然、很不舒服，这其实是正常的，毕竟改变是需要付出代价的。

2. 第二阶段：7~21天

在一周的刻意实践后，这个习惯对于我们来说已经比较自然、比较舒服了，但我们仍旧不能放松警惕、不能大意，因为我们的坏情绪、坏毛病还躲在暗处，一不留神，它们还会再来找我们。在这一阶段，最重要的就是坚持，不能坚持自律的人也有很多。所以，我们还要保持警惕，不断提醒自己，要求自己。

3. 第三阶段：21~90 天

这一阶段是习惯的稳定期，它会使新习惯成为我们生命的一部分。在这个阶段，刻意要求自己越往后越不重要了，我们只需要在不断实践中将习惯变得越来越牢固。

除了可以利用记事本、手账本来记录自己的习惯外，现在市面上有很多 App 也可以帮助我们培养习惯，如【小日常】App，是一个设计极简的习惯追踪应用，没有社交，也没有小组，只关注自己的每一天。每天给自己的习惯打卡，通过每天小小的坚持，培养好习惯，通过自律帮助我们在成功的道路上越走越远。

再给大家提供一些可以用"21 天习惯养成法"来培养的习惯，如果能够践行它们，那么我们会变得越来越自律。

> 凡事第一反应：找方法，不找借口。
> 不说消极的话，不落入消极的情绪，一旦发生事情，立即正面处理。
> 行动前，预先做计划。
> 工作时间，每一分、每一秒都用来做有利于工作的事情。
> 随时用零碎的时间做零碎的事情。
> 在工作和生活中都做到守时。
> 随时记录想到的灵感。
> 把重要的创意、方法写下来，随时提示自己。
> 每天睡前自我反省一次。
> 每周坚持运动三次以上。
> 每天提前15分钟上班收拾办公桌，做准备工作；每天推迟5分钟下班，做当天的整理工作。
> 时常运用"头脑风暴"，利用脑力激荡提升自己的创新能力。

在执行"21天习惯养成法"时，我们还可以通过一些其他的方法做补充，如可以寻求一些同伴与自己一起做这些事情，既能起到相互监督的作用，又可以互相影响、互相鼓励。

此外，每天花点时间来自省也会产生很好的效果。睡前问问自己，今天做了什么？该做的事情做了吗？明天要做什么？每天检查自己需要养成的习惯是否执行到位，完成得怎么样，经常性地做总结。简单地说，就是要形成"计划、执行、检查、再采取行动"这种对自己的循环管理，从而在养成习惯的途中，不断提醒自己，保持清醒的头脑去自律。

第二节　既然开始了，就要全力以赴

如果做什么事都能全力以赴，那么我们就能做好绝大多数事情。全力以赴是指我们做事要把全部精力都投入进去,这是一种工作状态、态度,同时也是我们需要养成的好习惯。我们要尽力去开始,然后全力以赴,使事情一次就做成功。

一、尽力去开始,然后全力以赴

有句俗话说"万事开头难",不管想实现什么目标,养成什么好习惯,都必须让自己开始行动。一件看上去复杂困难的事,一旦开始做了,它就会变得容易起来。

人在开始学走路时,第一步是最难迈出的;在学说话时,第一个词是最难说出口的;在创业时,第一个一万元是最难挣的……但是,如果不迈出第一步,怎么能学会走路?如果不迈出第一步,怎么就知道自己不会成功?

我们内心的害怕、惰性等情绪常常会阻碍我们前进,在心理上形成一道过不去的坎。很多事并不困难,就像我们从小听过的寓言故事《小马过河》一样,不试试深浅怎么知道自己办不到。纵使这件事真的很难,但是我们行动了,就等于开始了一个新的挑战,一旦成功就能带给自己更多的自信。

我们需要不断减少自己待完成的事,不让自己同时去应付多件事情。待完成的事情越多,管理它们的复杂指数也就越高,我们身上所背负的记忆负担、责任负担、人际负担等也会加重。随着事情越来越多,我们会慢慢变得难以承受,情绪上的各种问题也会爆发,这样既会影响工作进度,也会使我们的生活质量下降。而且,很多小事不去着手开始解决,同样会给我们造成很大的心理负担,令我们得不偿失。这也是万事需要先开始的原因。

如果我们开始了,那么我们接下来需要做的就是,不要想太多,全力以赴就好。

有这样一个寓言故事：一个猎人带着一只猎狗出去打猎，见到了一只兔子，猎人用枪打伤了兔子的一条腿，兔子拼命地逃跑，猎狗开始追兔子，后来兔子跑得太快了，猎狗追不到兔子，就回来了。猎人见猎狗没有追到兔子，感到非常生气，就质问道："我用枪把兔子都打伤了，你为什么还是没有追到？"猎狗回答说："我尽力了，但是兔子跑得太快了，所以没有追上。"当兔子跑回洞里的时候，其他兔子非常惊讶，问道："你都受伤了，怎么还能逃回来？"这只兔子说："猎狗是为了一顿午餐在奔跑，而我是为了生命在奔跑。"

从这个故事中我们可以看出，全力以赴拥有惊人的力量。一个资质平庸的人，各方面的起点都比较低，但如果对每一项具体工作都尽到自己最大的努力，争取发挥自己最高的水平，在必要时反复推敲、反复演练，那么他也能造就精彩的人生。

在一次公司内部的竞聘中，有一个名校毕业的参与者叫小强。他虽然参与了竞聘主管一职，但并没有把这件事放在心上，根本没有用心准备，仅在竞聘前一天花了一天的时间做了个PPT。在竞聘主管当天，PPT做得毫无亮点，演讲的环节也是勉强过关，由于准备不充分，在最终的问答环节卡了壳。评委们问了他一些和岗位有关的问题，他的回答都不能让人满意。

而和他一同参加竞聘的小亮却是准备充分，花了很多心思去设计PPT，并且准备各种资料，还和不同的人交流以对岗位有更多的了解。最后小亮的PPT一下子就吸引住了大家的目光，不仅演示环节出彩，问答环节也对答如流，最后毫无悬念地竞聘成功。而落选的小强，认为自己还有很多机会，因此对于竞聘的结果感到无所谓。

其实，一旦降低了对结果的期望，我们就会自动降低在过程中的努力程度。但只要我们开始做了，就已经牺牲了自己的时间，既然花费了时间为什么不把事情做好呢？

比如，现代新媒体的发展催生出了很多的自媒体人，有一些人运营着自己的公众号，但是只抱着"玩一玩"的心态，想更新就更新，想写什么就写什么，长期以来也没什么人愿意看，这些人最后也失去了热情，公众号就成了一个"空号"。而反观那些成功的自媒体人，一直都在认真运营、全力以赴，每天再累都会花时间更新内容，并且密切关注社会各界的动态、热点，生产人们喜闻乐见的内容，最终成了自媒体"大咖"，关注数量和口碑都很不错。所以，我们要尽可能地成为"全力以赴者"，而不是"志在参与者"。

在工作中全力以赴需要我们满怀激情，如果缺乏对工作的热忱，缺乏长远的追求，那么我们只会得过且过，无法全身心投入工作，无法坚持下去。失去了对成功的执着追求，只能停滞不前甚至还会退步。相反，如果我们心中充满激情，就会产生信心和动力，不会斤斤计较，而会拿出更多的时间去专注于工作，创造力也会油然而生。

一个人只要能够在工作中全力以赴，他的工作效率就会大大提高，而且工作的劳累感也会得到缓解。能处处以主动尽职的态度工作，不管从事什么样的职业都能发光发彩。

二、第一次就用心做成功

仔细观察、分析那些各行各业的精英在工作时的表现我们就会发现，他们虽然各有所长，但是在工作中都体现出一种相同的习惯：面对任何一项工作时，认真仔细地完成每一个工作步骤，哪怕多花费一些时间和精力也绝不返工。这其实就是他们能够在自己的领域里脱颖而出的诀窍——一次就把事情做好。

一件事最好避免重复多次，尽量不要做无用功，是我们管理时间、避免浪费时间所特别需要注意的。我们在工作时很怕自己辛辛苦苦花了很多时间和精力最后却毫无收益，白忙活一场，这对自己本身而言是很不利的。如果总是在工作中粗心大意，犯各种各样的错误，那么这些错误就会给我们的自信心带来打击，有谁能够在总是犯错的时候还保持强大的自信呢？

为了防止这种情况的发生，我们需要追求一次就把事情做好，"第一次就用心做成功"，是一种精益求精的工作态度和良好的工作习惯。很多人开始了，努力了，看上去很敬业，但总是无法使结果更好。如果一个人在工作中不需要停下来去一次又一次纠正出现的错误，不需要总是考虑出现错误或偏差时怎样去修正自己的工作计划，不需要重新开始再走一遍老路，那么他在工作中就能保持最清晰的思路和最清醒的工作状态，自然也就更容易取得卓越的成就。

如果我们去问一个人，某件东西有使用说明书，你在使用之前会看完说明再去操作吗？我想绝大多数人都会给出肯定的回答。

如果我们再问一个人，这里有一个益智玩具，还有一张教使用者如何操作的使用说明书，你认为自己能够成功地操作这个玩具吗？很多人会说："肯定会啊。"

可结果是，在大多数情况下，有超过一半的人并不知道怎么去操作益智玩具，因为他们并没有仔细看说明书。在经过好几次失败后，他们才会想到利用说明书，在看了说明书以后才恍然大悟。很多时候，我们无法相信自己能够第一次就把事情很好地完成，结果成功的机会就溜走了。

第一次就用心做成功，尽全力将手中的事情做到位，可以省去很多不必要的麻烦。比如，第一次就把工作细分、量化，可以避免以后重做的风险，即使需要更正，也知道应该从哪里入手；第一次就把手中的邮件回复彻底，向对方确定是否收到了信息，以免耽误时间；第一次就告知对方所有的信息，避免对方再次询问，给双方都带来麻烦……第一次就把事情做好，避免重复与返工，是提升工作效率的保障。在工作中，我们做每一件事都要保持一个好的心态，要在开始之前就对这件事足够重视、拥有足够的认识度。我们要告诫自己最好一次就成功，这样在开始着手去做的时候，就可以避免因为自己的漫不经心而产生损失。

我们可以将第一次就做成功分为三个层次，从不同的方面入手，来解决问题。

第一，做正确的事情。在开始做事情之前，我们就需要去选择，在某个时间点做什么才能使我们的利益最大化，做这件事对我们有帮助，完成度也会最高。

有这样一个有趣的心理学故事：有三位科学家一起乘坐热气球游玩，热气球升上天空后发生了故障，面临坠落。要想拯救大家，这时必须做出一个抉择，牺牲其中一个人以减轻热气球的负重，来换取其余两个人的存活，那么应该牺牲哪一位科学家呢？

三位科学家都是在自己领域十分杰出的人才。第一位是环保专家，他的研究可以使无数人免于因环境污染而面临危机。第二位是核专家，他有能力防止全球性的核战争，使地球免于遭受灭亡的绝境。第三位是粮食专家，他能在不毛之地，运用专业知识成功地种植粮食作物，使几千万人摆脱饥荒。

英国某家报纸将这一问题设置为一项能获得高额奖金的有奖征答活动。在刊出问题之后，因为奖金数额庞大，所以收到了大量的答复。人们各抒己见，都竭尽所能阐述他们的见解。最后结果揭晓，巨额奖金的得主是一个小男孩，他的答案是——牺牲体重最重的那个。

当人们在讨论应该丢掉哪位科学家时，绝大多数人从科学发展和科学家的作用入手，都有自己充分的理由，而且都认为自己是正确的。然而在此种情况下，首要的任务是不让热气球坠落，最急迫的问题是尽可能地减轻热气球的重量、减少负担。因此，在这里最正确的决定是牺牲体重最重的科学家，只有在确保热气球不会坠落的情况下，其他的讨论才有意义，否则三位重要的科学家可能都保不住。小男孩的答案正是找到了正确的解决方向。

我们在工作中也是一样，要尽可能保证自己的努力是朝着正确的方向，是在做正确的事，不要匆匆忙忙下手，做着无用功还要高声呐喊："天道酬勤是无用的！"

第二，正确地做事情。做每件事都有正确的方法和错误的方法，正确的方法中又存在最优的、最完美的一种或几种。因此，我们在工作时不要瞎着急，要尽可能地在确认了最优的方法后再开始行动。当然，如果我们无法确认哪种方法最优，也不要耽误时间，选择一种正确的方法进行尝试，相信我们在多次尝试后会逐渐掌握获取最优方法的诀窍。

比如，我们要到一个地方去，现在有3条路可以选择，第一条是路程比较近的大道，很多人都走这条路；第二条路程稍远一些，但是风景不错，沿途有不少人在欣赏风景；第三条是最近的小道，但这条路很荒芜、什么也没有。我们在出发前就必须选定自己要走哪一条路，首先第三条应该排除，因为比较危险，一般情况下都不会考虑；当我们有急事、时间急迫时可以选择走第一条路，使自己尽快到达目的地。如果没有什么重要的事需要处理，而且自己想要放松一下心情，那么第二条道路无疑是最好的选择。我们平时工作也要选择合适的那条路，排除错误方法，正确地做事情。

第三，做事情时要确保效率最高、成本最低，尽可能第一次就建立正确的习惯。习惯具有巨大的力量，第一次就把事情做好说明要用最高效率、最小成本完成重要的事情，而且这种重要的事情往往是重复性的，因为不断被重复,所以就形成了习惯。

习惯是从"第一次"开始并经过无数次重复"第一次"而形成的,我们要形成一个好习惯,就要抓住第一次的机会,将它做到最好,之后只需不断重复它即可。比如,我们要戒烟,那么第一天就不要再去吸烟了。有的人制订了戒烟计划,但是第一天就开始吸烟,还找借口对自己说"明天开始好了",结果第二天还是继续吸,最后戒烟就成了一句空话。

一般而言,第一次没有做到,那么之后能够做到的概率就大大降低了。要做到一次就成功,我们可以尝试使用以下几种方法。

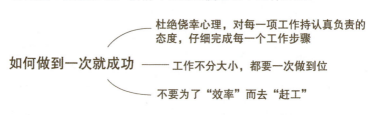

如何做到一次就成功
- 杜绝侥幸心理,对每一项工作持认真负责的态度,仔细完成每一个工作步骤
- 工作不分大小,都要一次做到位
- 不要为了"效率"而去"赶工"

(1)杜绝侥幸心理,对每一项工作持认真负责的态度,仔细完成每一个工作步骤。

很多人在工作过程中不认真负责,出现错误和疏忽,最终给公司造成一定的损失,很大一部分原因是他们抱有侥幸心理。他们从自己的感官出发,或是直接过滤掉出错的那部分,或是已经发现错误了,但是既不询问其他负责人,也不主动改正,就理所当然地认为不会造成什么影响。在做每一件工作之前,都应该首先告诫自己:这件事是由我负责的,我一定要认真仔细地将它做好。在工作中不要给侥幸心理任何可乘之机,即使第一次侥幸没有造成什么大的负面影响,可是下一次也许错误就不会放过你了。

从事财务工作的小林在面对大量数据时,平时都要求自己一定要检查、确认三遍以上。可是某天因为感觉很疲惫,小林只匆匆检查了一遍就将工作任务上交了,结果正巧这次出错了,落下了"工作不负责"的名声。

（2）工作不分大小，都要一次做到位。

面对那些对全局有着重要影响的工作环节，我们往往能够谨慎、细致地完成，这当然是值得称赞的。然而，工作之事不分大小，任何一个微小的细节出现漏洞，都有可能影响到整个结果。一些细节处的工作失误本就难以察觉和发现，因此更需要第一次就做到最好，杜绝后患。

小林仅仅是搞错了一个数据，其他环节都没有出错，但是仍然影响了整体工作的进度和质量。因此，对于每一个细节，我们都要尽可能使它一次正确。

（3）不要为了"效率"而去"赶工"。

工作效率是衡量每一个员工工作价值的重要标准，而即便工作效率再重要，一味去追求也只会适得其反。有的人为了"求表扬"，硬生生地将需要两天完成的工作挤在了一天完成，结果等来的反而是老板的一句"重做"。他们盲目地想要提升工作速度，在工作中匆忙地、马虎地对待每一个步骤，只是想让自己比其他人更快完成，却让工作漏洞百出，结果弥补这些错误又耽误了更长的时间，最终得不偿失。

"工匠精神"是我们所提倡的，他们面对每一件作品都保持做到极致的态度。而职场中的每一位员工要想获得好的工作成果，凭借自己的双手铸就下一个工匠的"神话"，那么不妨从"第一次就把工作认真仔细地做到最好"开始。

第三节　好习惯让你获得更多主动权

如果能养成更多的好习惯，那么我们工作时会更轻松、更高效，因为我们只需要按照自己的习惯办事就能将事情做好。

一、哪些好习惯会让你终身受益

亚里士多德说:"我们每一个人都是由自己一再重复的行为所铸造的。因而优秀不是一种行为,而是一种习惯。"要想在工作中表现得卓越,我们就必须培养一些好习惯。不断地重复优秀的行为,渐渐地,行为就成了习惯,我们也能更好地控制自己、管理自己,从而获得更多的主动权。

首先我们来看看在工作和生活中有哪些值得提倡的好习惯。

1. 做计划的习惯

计划是实现目标的第一步。当我们有了目标,特别是中期目标和长期目标,有了前进的方向,要想将目标变为现实,就需要有具体的计划,并按照计划一步一个脚印地走。

有了计划在实现目标的过程中就有了现实感。比如,我们要存钱,单单喊着"今年我要存下一万元"的口号是没用的,我们要根据今年还剩下的时间、目标存款金额和现有金额来计算出每个月和每一天具体需要存下多少钱,然后列计划,规范自己一个月需要存多少钱,以及平均每天又该存多少钱。

在平时一定要有做计划的好习惯,特别是对那些比较重要或困难的事,有了计划才能找到努力的中心和焦点。

2. 随时记录的习惯

养成记录的好习惯后,我们可以将注意力转移到那些更重要的事情上,工作的产出也会更高。毕竟大脑是用来思考和处理事情的,不是用来记忆的。头脑中放置太多的东西既容易造成灵感的流失,也会增加我们的压力,导致我们在工作中更容易出现错误。养成随时记录的好习惯,不管是利用手机 App、备忘录还是写在随身携带的记事本、便笺本上,随时记录下有用的信息、知识、灵感以便于查找。随时记录的好处在于,一是不怕灵感到来时抓不住,因为可以马上记录下来;二是一旦忘记某些信息，可以快速查找到，节约时间；三是便于将不重要的信息从头脑中清理出去，头脑不用因为承载太多而变得不能有效运转。比如，"今天晚上去超市购物"这个信息记录在便笺上，就比一直留在脑子里要更好。

3. 阅读的习惯

阅读是我们获得有用知识的最好方式。能够保持阅读的好习惯，就能不断进步。我们读过的书、看过的文章会潜移默化地改变我们的思想，继而改变我们的行为和命运。具有阅读的能力能够帮助我们在平时更快地获取有效信息、更快地掌握时代变化的动向、更深层次地挖掘到创造性的灵感。

既然"书是人类进步的阶梯"，那么我们读过的每本书都是我们前进路上的垫脚石。不管是读一些和自己职业方向相关的书籍还是读一些陶冶情操的文章，都是好习惯。

4. 写作的习惯

写作的习惯和阅读的习惯同样重要。如果我们将阅读看作一种输入的过程，输入有效信息来充实自己，那么写作就是经过阅读这种"输入"后，经过我们自己的理解，联系自身情况和掌握的有效信息从而梳理形成文字，可以看作一种"输出"的过程。在工作中，有良好写作能力的人能够更好地展现自我，完整、全面、清晰、系统地表述自己的想法。写作能力是需要通过阅读和不断的写作练习演变而来的，我们要将写作培养成一种习惯，当它成为一种习惯后，我们的写作水平将越来越高。

5. 整理的习惯

这里所说的整理不仅是指对实物的整理，也指使思绪更清晰，知识更系统的方式。一个缺乏整理能力的人，知识、空间、人、物都没有活力，不仅生活没有条理，工作也常常会失控。

我们通过整理可以获得一个好的环境，这样工作、生活、学习起来也会更舒适。凌乱常常会使我们心烦气躁，而整理会让我们的逻辑思维、碎片化的知识、自己所掌握的一切信息系统化，让工作、生活更有效率。有时候经过整理我们才会发现，自己原来已经在某个领域有了如此大的见地和成就，而如果不整理，散乱的知识就不能发挥它的作用。

日常生活中，我们就要有意识地去整理。比如，房间乱了，就要及时地将各种物品归位；有什么好的创造性想法，就要马上分门别类地记录下来；工作中所有的文件要及时放好，避免因找不到而耽误更多的时间……

6. 早起的习惯

早睡早起是一种健康的生活方式，早起有利于提升新陈代谢的速率，改善血液循环，提高机体免疫力，维持身体健康。长期坚持早起的人头脑异常灵活，精神十分饱满。他们能够将精力快速地投入工作和学习中，效率极高，且不容易产生疲劳，能够更加专注地完成工作。

如果可以的话，我们尽量将重要工作放在早上来做，这样工作效率会更高。养成早起的习惯后，整个人的工作状态会更好。

7. 专注的习惯

前文已经说过，专注的力量是无穷的。要想在工作中变得高效，专注是最基础的一步。养成专注于当下的好习惯，将琐事抛开，抵挡住消遣娱乐的诱惑，找到当下最重要的那件事，全身心投入地完成它，接着找到下一件最重要的事情，循环下去，就能拥有充实、高效的一天。

也许刚开始时我们还会在工作中分心，可是当我们有意识地去培养专注力后，情况会变得越变越好。

二、拥有仪式感的人生更轻松

在生活中，人们总是讨厌被各种条条框框束缚住，向往自由的生活，可为什么增加一些仪式感却被很多人所提倡呢？

我们所说的仪式感，是指常规地赋予某个时刻一些具有特殊意义的东西，不管是物质上的还是精神上的。仪式感代表着对生活的重视，是通过一些非必要的动作和形式来表达重要性的行为。一般来说，一次偶然性的行为算不上仪式感，只有成为一种习惯，仪式感才会具有意义。重视仪式感的人，生活的乐趣将会更多，他有能力把每件事都做成值得回味的纪念版，不管是工作还是生活，都会更加轻松。

一个人无论再怎么忙，他的生活都需要一定的仪式感。其实，越忙的人，他的身心越需要片刻的放松，所以养成每天给自己的生活一点仪式感这个好习惯是很有必要的。给自己一种强烈的自我暗示，让自己的注意力更集中，从而可以更认真地去对待每件事。

以前有一个同事特别喜欢鲜花，每天早上她刚来到办公室就会收到花店送来的鲜花，这让大家都很好奇，是谁每天都送花给她。她告诉大家，鲜花是她自己花钱订购的，每天在办公桌放上一束鲜花，不仅自己和周围的人能闻到馥郁的花香，心情舒畅，而且将鲜花插入花瓶的那一刻，她会提醒自己新的一天开始了，自己必须认真工作了，之后她便能将所有注意力集中到工作上。在工作累了时，她会停下来闻闻花香，休息片刻，然后继续投入工作。平时上下班她还会将办公桌收拾得整整齐齐，用完东西都会马上归位。

这就是她保持高产出的秘诀。给自己营造一个愉悦的工作环境，并且把每天整理办公桌和摆上鲜花作为自己开始工作的一种仪式，通过增加仪式感来给自己充分的心理暗示。因为有了仪式感，她工作起来更有效率，在工作时更是能保持愉悦的心情。

也许职场生涯有一点枯燥，但是我们通过一些"仪式"可以发掘其中不一样的一面。就像在无涯的黑夜里为自己点了一盏灯，整个人都能散发能量和底气。很多人都有属于自己的仪式感，能在不同的环境里发

现生活的乐趣。

生活中重视仪式感的人,在潜意识里会暗示自己享受每一天、做好每件事,而且这种精致和细腻的作风在工作上也会发挥到极致。

想象一下下面的两个场景:时钟指向上午9点,你坐在办公桌前面,电脑打开着,然而你目光呆滞、茫然若失、头脑一片空白,随意浏览一下新闻网站,又看看微博、查查邮件,过了一会儿准备处理手上的工作时已经快10点了。

到了下午6点,你马上收拾东西准备下班,可总感觉好像还有什么事没有处理完,领导布置的工作还未完成,但是记不清应该什么时候上交,工作总结也还没有写,心里隐隐约约有些不安。为了避免这种茫然、不安的情况,我们可以为自己设置"开工仪式"和"收工仪式",帮助我们及时进入工作状态和离开工作状态。

一个好的开工仪式,能帮助我们的大脑做好准备。就像是一个按钮,启动之后让我们迅速聚焦于眼前的工作。在仪式完成后,我们就知道该开始工作了,而不是去做那些无关紧要的事。一个恰当的收工仪式,也是为了告诉大脑"今天到此为止",然后彻底从工作中剥离出来,不要因工作压力影响自己的生活,以免心情郁结。相当于再次按下开关按钮,进入放松模式,为第二天充电。这正是仪式感之于工作的意义,让工作和休息都能各行其是。

开工仪式可以是喝一杯咖啡、做计划清单、给桌面的植物浇水、给日历翻页等。而收工仪式一般为写当日工作总结、收拾桌面、标明当天未完成和第二天待做的工作等。

三、养成好习惯,收获高效

如何才能养成好习惯呢?方法如下。

1. 明确要培养的好习惯

知道哪些好习惯是我们现在亟待培养的，而哪些坏习惯是应该改正的，这是养成好习惯的第一步。我们可以拿出一张白纸，花费一些时间列出自己想要培养的好习惯，然后再花点时间列出自己目前存在的坏习惯。

如果不知道自己应该培养什么样的好习惯，那么可以通过"目标人物法"来明确，想想自己身边或者自己观察过的这些人当中有没有自己想要变成的人，如果有，那么找到他的好习惯，把这些好习惯变成自己应该培养的好习惯就可以了。

我们一定要明确需要培养的好习惯，而且信念要坚定，信心越充足，培养好习惯或改掉坏习惯的力量就越大。

2. 视觉法

"好记性不如烂笔头"，虽然我们可能已经听腻了这句话，但是它真的是很有道理的一句话。如果害怕自己会暂时性遗忘自己所要培养的习惯，又被坏习惯所诱惑，那么我们就需要将要培养的习惯变成文字、图案来时刻提醒自己。见得多了自然会记在脑子里，我们可以将这些好习惯记下来贴在墙上，写在常用的记事本的首页，放置在办公桌上，这都是增强视觉冲击力的方法。

3. 潜意识输入法

依靠潜意识来提醒自己对于培养好习惯也很有帮助，将这种方法与"视觉法"结合在一起会更有用。比如，你平时都是7点钟起床，而某天需要6点钟就起床。为了能在6点钟准时起床，在前一天晚上临睡前你就会再三提醒自己：明天要比平时早一些起床，然后想象一下明天6点起床的情境，让自己头脑得到清楚的确认。这样一来，你的大脑就将接收到这一信息，知道这件事的重要性。

在养成好习惯的过程中，除了用文字提醒自己外，还需要将信息输入自己的头脑，让潜意识提醒我们去做。

4. 行动重复法

在我们不断重复行动的过程中，这个行动就将成为我们所熟悉的东西，当遇上同样的环境时，我们会产生同样的反应，会下意识地按之前的行动去做这件事，习惯自然而然也就培养起来了。如"21天习惯养成法"就是一种通过不断的重复行动来培养习惯的方法。

5. 他人监督法

有时候我们也需要借助外界的力量来监督自己的行为，从而使某种好习惯稳定下来，如可以请身边的同事、亲友来监督我们。在受到别人的监督后，我们很容易在心理上感到一定的压力，从而避免某些坏习惯再次出现。

但是这种方法治标不治本，习惯的养成主要还是要依靠自觉。如果信念不够坚定，我们可以轻松地找到一百种理由去放弃培养好习惯。

第四节　好的工作习惯是成功的一半

英国哲学家培根曾说："习惯真是一种顽强而巨大的力量，它可以主宰人生。"在职场中，工作习惯对于我们工作的成效确实有着很大的影响。养成好的工作习惯后，工作起来会更有效率，错误也会减少。这节将为大家介绍职场上我们需要养成的一些良好的工作习惯。

一、文件管理的"存"和"取"

很多人都面临这样一种情况：工作一多，各种文件就来不及整理，杂乱无章地存放在电脑桌面上，后来就忘了什么文件是什么时候需要的，或是需要其中之一的时候要花很长时间去寻找，还不一定能找到。建议大家创建一个"TODAY"文件夹，把最近几天或一周要处理的工作文件都放在这个文件夹的，等有空闲时间时再来整理，这样电脑桌面看起来就不会密密麻麻，我们也不用因为找一个文件花费很长时间。

我们可以把这个过程看成一个管理的流程，将它分为以下几步。

收集：这里可以把新建的"TODAY"文件夹当成一个收集篮。

处理：每天处理一下收集篮中的文件，为需要的文件命名并删除垃圾文件。

管理：根据文件内容设置不同的文件夹，将文件存储到这些文件夹中并跟踪管理。

回顾：定期回顾，对不合理的文件存放进行重新调整。

图标密密麻麻，很多相关的Word、Excel、PPT占满了我们的电脑桌面，这不仅会增加我们找文件时所花费的时间，还会影响我们的职业形象。有时候对文档的管理可以从侧面反映一个人的工作思路。

说到工作习惯，正确管理文件就是不得不提的一种。不要以为它就是创建一个文件夹，将文件存进去，要用的时候再去找出来。更重要的是要做到"存得好"和"找得快"。

接下来再来看看管理文件具体需要做些什么。

1. 不要忽略文件的存放，"存得好"才能"找得快"

有些人在新建一个文件后，为了图方便，会省略输入文件名称的环节，直接选择使用默认的文件名，如文档1、文档2，或者胡乱敲几个字母、数字将文件保存下来留待以后处理。可是一时的方便却为以后找文件带来了很大的不便。一看桌面和各个文件夹里，到处都是命名为"文档X""abc""123"的文件，根本看不出它们的相关内容，要一个个打开才知道里面是什么。特别是如果我们将它们分散地放在各个文件夹里，通过文件名来搜索文件的功能就失去了它的作用。需要从不同的文件夹里去找，这样会花费更多的时间。当初乱敲键盘省下来的几秒钟，以后需要花十倍、百倍的时间才能找到需要的文件。

正确保存文件的第一大重点就是，将文件命名为有意义的、方便查找的名字,名字要规范,不仅自己能看懂,最好其他人需要时也可以一眼辨认出来。规范的文件命名是高效的基础。

2. 合理地给工作文件命名,使其能被我们快速判断文件来源与内容

不同的人习惯使用不同的命名方式,不同的行业也各有其特点。这里给大家提供一种基本的命名方式:文件创建时间+关键内容1+关键内容2+作者+部门+编号,其中某些内容可以根据自己的实际情况省略。

例如,0908(时间)—XX商场中秋节促销活动策划方案(内容)—李强(作者)—企划部(部门),这个文件名所代表的内容就是显而易见的,一下就能知道里面的内容和相关信息。

有了这些关键词和日期,再配合高速搜索工具,查找文件就不那么困难了,我们能在后期查找时节约很多时间,而且其他人也可以很快查找到。

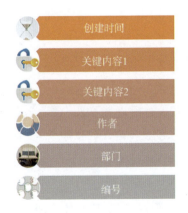

3. 以一定的原则为文件夹命名

在将各个文件命好名之后,我们需要做的是将电脑中文件夹的名称也进行规范化。然后按照不同的类别将文件存储到不同的文件夹中,使自己知道想要找的内容大致会存放于哪一个文件夹中,从而可以快速找到。

有的人喜欢按文件扩展名分类存储文件,如"jpg"文件夹中存储图

片文件,"doc"文件夹中存储 word 文档,但是这种方法其实是低效的、没有意义的。按照这种方法存放,打开文件夹后,还是会有琳琅满目的文件需要我们花费好一会儿时间才能看得过来。

正确的做法是,根据文档之间彼此的联系和隶属关系进行分类,文件夹的层次最好不要超过 3 层,尽量扁平化,以便后期查找。

4. 通过文件管理和搜索软件来快速查找文件

电脑使用的时间越长,存储的本地文件就越多,有时候想找一个文件但忘记了放在哪里是一件苦恼的事情。大多数人一般是用 Windows 系统自带的搜索程序来搜索需要的文件的。但是硬盘装的东西越多,速度也就越慢,会拖慢我们办公的进程,等上几分钟或者更久才能查到想要的信息也是常有的事情。下面给大家推荐几款文件管理和搜索软件,方便大家办公。

(1)【Everything】:由 voidtools 开发的一款文件搜索工具,官网描述为"基于名称实时定位文件和目录(Locate files and folders by name instantly)"。【Everything】是一个运行于 Windows 系统,基于文件、文件夹名称的快速搜索引擎。它在搜索之前会把所有的文件和文件夹都列出来,这一点与 Windows 自带的搜索系统不一样,所以我们称之为 Everything。如果你的硬盘格式是"NTFS",那么使用这款工具能极速搜索硬盘中的文件名，几百 GB 数据的硬盘往往 1 秒就能找到我们的所需。此外，它还支持自定义的高级搜索等功能。

（2）【Total Commander】：简称 TC，原名为 Windows Commander，是一款功能强大的全能文件管理器。它有很多非常人性化的功能，能够大大地提高我们处理文件的效率。唯一不足的是，它不那么容易上手，需要付出一定的学习时间成本，但是一旦上手就会节省许多时间。它是一款共享软件，官网下载版本为一个月试用版。

（3）【Listary】：一款实用的搜索工具，特点之一在于它能给"我的电脑"（资源管理器）加上许多智能命令，并且含有收藏文件夹、快速打开最近浏览的文件夹、快速显示/隐藏文件扩展名等实用功能，能提高收藏和整理文件的效率。

即使使用搜索软件查找需要的文件，也需要我们事先就对文件的关键词、日期等进行记录。如果记不起关键词，或者根本没有正确存档命名，那么根本不可能利用搜索软件搜索出需要的文档。

我们对文件进行管理，其实运用的也是时间管理和知识管理的技巧。有的人喜欢随便存储文件、随意给文件命名，而不愿意花时间规范文件和文件夹，这是一个不好的习惯，不利于我们高效地开展工作。

二、养成做工作笔记的好习惯

随身携带笔和记事本，在必要时写下一些东西，或者利用各种笔记 App 对关键信息进行记录，都是好的工作习惯。

虽然现在电子、数码科技发展迅猛，手机端和电脑端都能建立记事本、便笺，还有各种各样的笔记型 App 供我们选择、使用，但不少职场人士仍然钟爱纸质记事本。他们认为，亲手写下的文字，才能感受到其意义和重要性。如果选择使用纸质的记事本，我们就要注意将其随时带在身边，不要怕麻烦，也不要在意别人的眼光，需要了就拿出来。

我有一位做记者的朋友,他就习惯随身携带记事本,不管有没有采访任务,到哪儿都将记事本放在包里。平时他会将采访任务、收集的各类信息、生活的各项事宜,以及日常待办事项都记录下来。因为有时候采访任务比较繁重,这本记事本就可以提醒他什么时间要办什么事,而不至于遗忘。将采访的内容和平时收集到的热点信息先记录在记事本里,之后他还会找时间仔细地转移到采访本上,采访本中的文字字迹清晰、便于辨认,整体页面非常整洁。

这位记者朋友利用记事本将一周的采访计划、每天的采访内容,以及每位被采访人的联系方式都事无巨细地、清晰地记下来,这样即使忘记了以前的工作内容,重新翻开记事本以及采访本,也能马上回忆起来。

如果觉得携带记事本不方便,或是手写的方式记录信息太慢,那么利用手机也能轻松获得和记事本相同的功能。

比如,我身边不少人都喜欢将资料顺手记录在手机备忘录里,毕竟打字比手写快很多,而且更加便携。先把信息记录在手机里,之后再找时间把它们整理在记事本上或利用电脑进行存档。

利用记事本和电子文档对工作内容进行记录时,可以从以下几个方面进行划分。

第一部分是个人年度计划和月计划。年度计划是对个人全年工作的一个大致规划,侧重于实现什么目标、为实现这些目标有哪些拟定的计划。月计划以"月"为单位,时间线较短,因此灵活性更高,是对年度计划的补充,同样需要记录下自己这段时间的规划。

第二部分是关于这一年每个月的固定工作内容。这些工作内容大多数是事务性的、每个月固定需要完成的,如每月工作总结、工作情况说明、工作报表与清单等。

第三部分是关于这一年每个月的具体工作内容。这里所记录的工作内容是临时性的、非固定的,可能这个月会有,但是下个月就不会出现了,除此之外还包括固定工作中需要特殊记录的事项。对于这部分记录,因为不存在长期性和连续性,不能从其他月度的记录中推导出来,所以记录时必须具体翔实,包括完成时间、事件概述、完成情况,后续需要进行的工作,需要改进的内容都要记好。

电子版的工作笔记和手写的相比,一个比较大的优点就是,在对工作情况做记录时,可以灵活地插入新内容、更替不合适的内容,还可以利用照片、截图来直观地记录工作情况。

对于每日的工作,可以按日期流水记录。而阶段性的工作,则可以写在一起,管理起来也更方便。为了节省一次次打开文件的时间,可以直接在电脑桌面上为文档建立一个快捷方式,便于随时打开,随时记录。

这里给大家推荐两款手机笔记App:【有道云笔记】和【印象笔记】。这两款App不仅有移动端,还有PC端,并且可以实现两端笔记的直接同步。

下图为【有道云笔记】的基础界面和记笔记的实现方式。

下图为【印象笔记】的基础界面和添加笔记的界面。

三、做好工作日志很重要

工作日志是指针对自己当日的工作，记录每天工作的内容、所花费的时间以及在工作过程中遇到的问题、解决问题的思路和方法的日志或文档。工作日志要求我们最好可以详细、客观地记录下工作中我们所面对的选择、观点、方法、结果和决定，经过长期的积累，还能通过工作日志提高自己的工作技能。

由于"瞎忙"，很多上班族结束一天的工作后，却不能回忆起当天的全部工作内容，今天犯了错可能到明天就忘了，在以后的工作中又会出现同样的错误。工作日志在帮助人们抵抗时间碎片化方面能够起到一定的作用，不少公司还会要求员工记下工作日志后定时上交。

一般来说，工作日志具有以下几点作用。

1. 提醒作用，提示我们重点信息，避免我们犯同样的错误

工作日志中会清晰地记录下我们每天的各项工作任务，以及任务的来源、任务输出的过程等信息。有了这些记录，工作日志的提醒作用就

体现得非常明显了,特别是当我们需要同时进行多项工作时,面临工作的衔接与切换时。在实际操作过程中,我们可能会因注意小的问题而忽略重要的事情,因此及时查看工作日志,对每件事进行确认,是我们需要培养的好的工作习惯。同样是对工作情况的记录,工作日志较工作笔记更加规范,时间的稳定性和格式的稳定性更强。

2. 跟踪作用,可以对重要项目进行跟踪,使我们的工作效率更高

一方面,不少工作项目之间有一定的联系,我们可以通过追踪一个项目来提高处理另一个项目的效率。这时只要翻一翻以前的工作日志就能够成功查找到想要的内容了。

另一方面,公司或企业的管理者可以把工作日志看成跟踪员工工作进度的重要手段,这也是不少公司要求员工提交工作日志的原因。公司的领导阶层可以根据工作日志所记录的内容,对相关员工的重要事件进行跟踪。

3. 证明作用,在进行绩效考核时,工作日志可以变身成员工"辉煌成就"的证明

企业与员工之间、企业内部员工之间的合作需要一个公平公开的平台,通过工作日志,在需要的时候可以检查员工的业绩如何,这样可以使绩效考核更加良性。同时,也便于同事之间的合作,同一个项目中,谁做了什么,哪些成果应该属于他,有了工作日志,这些内容就能够一目了然。

一篇好的工作日志,可以从时间、内容和感想三个维度来考量。

(1)时间维度。在工作日志中如实地记录下自己当天的时间使用情况,包括处理了哪些事情,大致用了多长时间,完成的情况如何,大概还需多长时间能够完成……将自己在某些重要工作任务上花费的时间记录统计出来,也可以帮助判断自己的工作效率究竟如何。

(2)内容维度。我们每天面临的工作,其中一些是按照我们原本的工作计划展开的，另一些是临时需要处理的紧急事务。有的工作任务是短期的，处理之后就不用再管了；有的工作任务是长期的，或是和其他任务紧密相关、成为一个系统的；有的任务是自己单独负责的；有的任务是团体协作或是有多个合伙人共同进行的。工作内容变化万千，因此我们需要利用工作日志为自己的工作情况做详细的记录。

（3）**心理维度。**在工作进程中，心理因素对我们的成功也有很大的影响。通过工作日志记录自己工作中的喜怒哀乐，能够缓解我们的工作压力，让我们保持对工作的积极态度。

根据工作日志内容的不同，我们还可以将其分为总结、分析、反思、计划四个部分，也归属于四种不同的能力模型。

总结。总结部分的内容不需要也不可能面面俱到，但是定性和定量是需要的。定性是指提出自己的判断，定量是指提到的内容都必须有具体数据的支持，不要在总结中出现模棱两可的内容。

此外，我们可以利用工作笔记中的内容来提示自己当日需要总结的内容。

分析。在全面总结了一天的工作内容之后，就可以对当天和当前阶段的工作进行全面的分析，沉淀一些对于我们有意义的内容。这一步需要我们拓展思维，从各方面入手进行考虑、探索。

反思。反思主要是通过向自己提问题并做出相应的回答来实现的，问题不一定要写下来，但是我们应将答案的重点整理、记录下来。

计划。计划是基于反思的结果而产生的行动，有了反思我们就可以对之后的行动做出相应的调整。

四、核对与备份

1. 核对

在工作中一定要养成核对信息的好习惯。虽然我们在工作时会被再三强调要小心谨慎,也会在心里提醒自己注意不要犯错,但是很多时候,我们在工作中还是会因为马虎而犯一些低级错误,这些错误有时造成的后果或隐患是不可估量的。要想避免一些低级错误,我们就要将核对文件、信息、数据的行为培养成一种工作习惯。

核对信息时通常可以采用列清单的形式,当确认一个项目正确时,就在清单的方框中打钩,这样可以避免遗漏。

不过要注意的是,核对工作只需点到为止,不用重复太多次,以免形成强迫症,浪费太多时间。

2. 备份

想象一下,如果某天我们的硬盘突然坏了,那么硬盘上保存的辛苦工作的成果是不是能幸存下来呢?如果不能,那么会给我们的工作带来巨大的麻烦。备份是我们预防灾难发生、不让一篮子鸡蛋一次性毁于一旦,让我们辛辛苦苦的工作成果得到保障的好方法。

小E某天有一个紧急的项目招标计划需要完成,第二天上午就要用到。因为白天没有完成,所以小E当晚将这份工作带回家打算加班完成。回到家吃过晚饭后,小E就马不停蹄地开始工作,做完工作并仔细检查后,小E关掉了电脑,准备第二天带上电脑去公司上交任务。

第二天来到公司时,小E却发现笔记本电脑打不开了,可是需要的报告还在里面。小E急坏了,因为没有这份报告将会使公司在招标中处于不利地位,幸好他想起来笔记本电脑硬盘的数据是可以读取的。经过电脑维修处工作人员的检查,发现是电脑主板烧坏了,但硬盘的数据可以读取出来。工作人员帮助小E将需要的资料复制了出来,这才解了小E的燃眉之急。小E马上赶回去将文件交给了公司,才没有酿成大错。

如果小E有将重要文件备份的好习惯,就不会发生这种让他焦头烂额的事了。即使电脑坏了,也可以从移动硬盘或者网盘中获得备份文件,不会耽误太多的时间。

在职场上我们会接触大量属于公司的资料和文件,在工作一段时间之后,或者结束了一天的工作之后,要养成备份的习惯。【百度云】是最常见的备份工具之一,此外我们还可以用【Dropbox】【天翼云盘】【新浪微盘】等云储存工具来备份文件。在没有联网的时候,也不用担心无法备份文件,可以选择储存空间较大的移动硬盘,在平时工作中对重要文件进行备份,这样就不用担心文件丢失了。

第八章 怎样对待一天，等于怎样度过一生

我们生命中的每一天都是我们这一生的写照，不要总想着"明天再做"，要把握住当下。不管是早起后的时光，还是下班后的晚间，都不应该虚度，把这些时间放在那些值得做的事情上，我们才能一天天变得更好。

带着以下疑问阅读本章

- ❖ 你能做到早睡早起吗?
- ❖ 你早上的时间是如何度过的?
- ❖ 你常常加班吗?如果不加班你会怎么过?
- ❖ 工作之余的8小时你会做什么,做什么才更好?

读完本章,你能收获什么

- 能够了解早起的妙招,以及早起做什么好。
- 能够了解晚间做什么能提升自己。
- 能够了解治疗"晚睡强迫症"的方法。
- 能够了解工作之余的8小时应该怎样安排。

第一节　早起是改变自己的第一步

一、做精力充沛的"早起鸟"

上班族有一个特别典型的现象：每天早上闹钟一响马上伸手关掉，直到该出门的时间已近在咫尺、不得不起床时，才慌张地掀开被子。随后是匆匆忙忙地洗漱换衣服，根本没时间好好吃顿早饭，只能在便利店快速买好，路上凑合着吃掉。下了地铁飞奔到公司，在最后一分钟打卡跑进办公室，坐在办公桌前不停喘气，还不忘拿起手机发条状态感慨：又是忙碌的、打仗般的一个早上。

有的人认为早上多睡一分钟都是自己赚到了，闹钟响了也迟迟不愿意起床，每天甘愿冒着迟到的风险也不愿意在床上少待十分钟。到了周末更是直接在床上躺一天，除了拿外卖，其他时候一步都不愿意出门，更别提早起做其他事了。

而有的人能在早上 6 点起床，7 点就能吃完营养、健康、美味的早餐并为家人也准备好早餐，然后悠闲地阅读喜欢的书，制订好当天的工作计划。周末如果没有多余的工作,他们会比平时多睡一两个小时,然后起床锻炼身体、陪伴家人、进行学习提升,度过一段充实的周末时光……

你是哪一种呢?

成功人士总是那些坚持早起的人。如今已经高龄的李嘉诚的作息时间很值得我们深思:他不论前一天晚上几点睡觉,都会在第二天清晨5点59分闹铃一响便立即起床。然后花点时间读一读近期的新闻,打一个半小时的高尔夫球。接着按部就班地出发去办公室,开始一天的工作。他数十年如一日地坚持着这个作息习惯。成功人士大多数不会每天睡到日上竿头,也不会让自己的早上过得手忙脚乱。相反,他们会早起,会利用好清晨的大好时光。

早起是一种好的生活习惯,也是改变自己、让自己变得自律的第一步。

在决定实行早起计划之前,先问问自己为何要早起,这里有一些关于早起的情况,看看自己属于以下哪种情况。

(1)已经习惯晚睡晚起,过去经常熬夜,但由于自身原因想尝试早起。比如,有的人出于对自身健康状况的考虑,希望能改变自己的生活方式,于是决定早睡早起;还有的人是为了配合他人的生活习惯而早起。

(2)希望把每天可利用的时间延长,用来做更多自己想做的事情。早起会使我们感觉一天的时间被延长了,能在一天的开始就完成很多计划中的事,接下来的其他时间会使人变得更轻松。很多人有了目标后,就会把一部分为实现目标而制订的计划放在早上去执行,这样就不会导致原来的时间模式发生大的变动。比如,我今年要参加某项外语考试,那么我就利用每天早起后多出来的一个小时背单词、练习口语,这样可以起到循序渐进的重要作用,会让我在考试中更有把握,并且也不会打乱我其他时间原本的安排。

(3)想早起,但一直都无法早起。有不少人都有过早起的意愿,他们也暗自告诉自己最好能做到早起，但是一到第二天，闹钟一响就又立刻关掉闹钟转身睡去了。这样周而复始，所有早起的动力都被磨灭了，对自己也失去了信心。对于这种情况，我们应该一方面加强自己的意志力，另一方面找到合适的方法"逼迫"自己养成早起的习惯，一旦习惯养成，早起也就不再那么困难了。

（4）可以早起，但不知道早起之后应该做什么事。这种情况是急需改变的。这种类型的人虽然能够早起，但是却将早上所有的时间都浪费掉了，从一天的开始就在迷茫，为无效率的一天奠定了基础。其实，早起之后如果什么重要的事也没做，那还不如将时间用来休息。

早起有哪些好处呢？

（1）使一天的有效时间得到延长，而这段时间是属于自己的自由时间，可以做自己想做的事。

有很多想做的事，但不知道什么时候去做，不如就在一天的开始时去做。

当我们早起后，就应该告诉自己，做一些喜欢的事，从早上就开始进步，不要辜负这一天。然后就会发现，以前很多无法完成的事，都奇迹般地做到了。

小李一直想考职业方面的资格证，但是每天下班回家已经很累了，还时不时需要加班，导致他晚上的复习时断时续，不利于知识的吸收。于是，小李将复习时间移到了早上，使每天的学习时间得到了保证，而且早起后精神更佳，复习效率也更好了。

如果没有早起，那么早上的时间就会变得紧张，我们会面临因不能好好吃早饭而损害身体健康的风险，面临上班迟到被扣工资的风险，面临感觉自己一天没有开好头，心情不佳进而影响一天的效率的风险。

最重要的是，早晨我们做事情的效率会比较高，平时需要一个半小时才能完成的事，在早上也许只需要一个小时就能完成。早上完成一部分计划，接下来的一天就会轻松很多。因此，我们会感觉自己一天的时间延长了。

（2）使我们在白天比其他人更加精力十足、充满活力、容光焕发。

如果你仔细观察过身边的"早起鸟"，就会发现，他们在工作中更能保持良好的状态，工作时心情更愉悦，犯的错误更少。

这是因为"早起鸟"在早上的自控力更高，白天特别是上午是他们活动的最佳时间。而"夜猫子"的黄金时间则在晚上，他们在晚上更容易保持亢奋状态，而白天将进入困倦、消沉期。除了出于个人健康状况的考虑提倡早起早睡外，为了适应平时的工作安排，即朝九晚五的上下班时间，我们也应该尽可能早起，以饱满的精神面对新的一天。

（3）从心理层面上看，早起的人对自己更有信心，会产生一种良性的"优越感"。

早起的人会产生这样一种想法：其他人还在沉睡时，我就开始享受属于一个人的时光了，我比其他人拥有的个人时间更多，也更勤奋了，相信通过坚持早起，我个人也会得到更大的提升。这种心理状态将产生良性的暗示作用，一方面会给我们自信，使我们认可自己；另一方面这种时间优越感能激励我们更好地利用时间，让我们变得高效。

虽然早起不易，但是早起习惯一旦养成，就会变得更加积极向上，更有活力，工作效率也会更高。

二、早起大作战

对于那些有早起意愿的人，通过一些途径是可以实现早起的目标的。下面就介绍一些能够实现早起的方法。

1. 早起才能早睡

不少人提出这样一个问题：我晚上失眠，很晚才能入睡，睡眠时间不够，因此就没有办法早起。但其实他们的想法出现了一个根本性的偏差，弄错了早睡和早起之间的逻辑关系。不能早起的原因并不是睡得晚，如果要保持早睡的状态，希望能尽快入眠，首先是要早起。

每个人每天所需要的睡眠时间虽然不尽相同，但差别也不会太大，如果我们白天已经睡了足够多的时间，那么到了晚上身体自然而然不会那么快感到困意。所以，当我们有了早起的计划，就不用担心自己晚上几点睡这个问题了。先尝试逼迫自己早起一个星期，在连续几天的早起后，晚上也就不会睡不着了。同理，有失眠症的人也可以尝试早起来使自己晚上更易入睡。

只要能逃出舒适区，给自己一些压力，那么成功的概率就会倍增。

这里给大家介绍一些快速入睡的小方法，帮助大家摆脱"晚睡强迫症"。

（1）睡前尽量不要玩手机、电脑，可以通过一个小时的阅读来舒缓身心。

（2）只有当自己感到非常困的时候再上床，而不是躺在床上看视频、打游戏。

（3）情况允许的话，白天可以放弃午休，确实需要休息也不要睡太久，小憩即可。

（4）选择舒适的床上用品，尽力给自己营造一个舒适的睡眠环境。

2. 暗示自己早起的时间点

心理暗示有时候能起到意想不到的作用。想要成功早起，就必须把早起这件事放在心上，这样才会主动早起。我们需要在每晚入睡前，不断在内心世界撑起一个早起的念头；可以在每晚入睡前暗示自己第二天要几点起床，这样第二天在那个时间点之前醒来的概率就会很大，当然，前提是我们进行了正常的作息。如果前一天晚上熬夜到凌晨四五点，即使不断暗示自己第二天要在六点起床，真正能依靠心理暗示自然醒的可能性也是微乎其微的。

在睡前和早上醒来的时候都对自己进行心理暗示。人总是有惰性的，早上刚醒来时大脑还没有完全清醒，潜意识的力量大于显意识，所以即使闹钟响起后我们醒了，也总会下意识地把闹钟关掉，然后继续睡。刚清醒时便马上对自己进行心理暗示，警告自己没有早起会产生的严重后果，夸张一点也可以。

3. 早起需要合适的动力和顽强的意志力

我们追求早起的原因也许是自己的内在愿望，也许是迫于外在的压力。而想要长期坚持早起靠的一定是内在动力，而不是外在压力。

偶尔一两次早起并不困难，但要长期坚持，将早起培养成一种好习惯却并不是那么容易的事。在早起之前，我们最好明确自己为什么要早起，要实现什么样的目标，这样才能使自己有早起的动力。

早起的目的可以是，延长自己一天的时间，提前将重要的事完成；因参加某一门考试或学习某项技能，需要把握住清晨这段最好的学习时间；晚上老是睡不着、睡不好，想要通过早起改善自己的睡眠质量；同住的人有早起的习惯，自己希望能适应对方的生活方式。

我们在激励自己早起时，最好是从内在动力出发，激起自己早起的意志，否则外在条件一旦发生变化，我们便会轻易丧失早起的动力，也就无法坚持下去了。

4. 不要过分心急，一点一点提早起床

要记住"心急吃不了热豆腐"，有的人平时都是睡到8点才起，突然就定了6点的闹钟，结果这个闹钟只是闹闹别人而已，响了很久自己也没有起来。因此习惯于睡懒觉的人若想马上就做到天天早起是行不通的，循序渐进才能使自己坚持得更久。

最好的方法是，每天提前一点起床，累计下来后就会发现早起变得简单了。比如，某个人原本是 8 点才起床的，那么他可以在第一个星期提前半个小时起床，即 7 点半起床，第二个星期再提早到 7 点，以此类推，一个月以后就可以 6 点起床了。

5. 加入早起社群，和志同道合的伙伴一起打卡

现在有很多的社交媒体、论坛、App 都推出了社群功能，我们能轻松找到有共同目标、爱好的人。而这些社群中不乏早起社群的身影，如著名的"趁早"小组，就有很多早起打卡群活跃其中。另外，也可以直接建立微信群邀请有早起打卡想法的同伴加入，每天看着别人早起打卡，也是激励自己早起的一种方式。

6. 将做计划的时间提前到前一晚

很多人都有早起做计划的习惯，这固然是一种好习惯，但如果有早起困难症，那么可以考虑将做计划的时间提前到前一天晚上睡觉之前。这是因为当我们列举了第二天的待办事项后，潜意识会告诉我们有事情可做、有事情需要解决。而如果我们不知道做什么，感觉不到早起对自己的意义，那么结果要么是根本醒不来，要么是即使醒了也无所事事。

提醒功能本来就是计划的一大突出作用，当我们有了计划后，我们心里就会产生一种紧张感，这样提早起床也会更容易。所以在前一天睡觉前就为第二天做好计划，至少要做好早上的计划，这样才会使自己心里有数。

三、如何充分利用早间时光

大卫有一段时间过得十分消沉，工作不在状态，老是因为犯不该犯的错误而被老板责骂，每天心情都不佳，做什么都没有状态。于是他决定改变自己，而早起就是他要改变的第一步。下定决心后，到了早上大卫确实没有再睡懒觉，很早就起床了。但是坚持了一段时间之后，大卫

感觉还不如早上睡懒觉更舒心、更有精神,早起也并没有改变什么。其实,这是因为他早起后没有什么目标,不知道为什么要早起,最重要的是他不知道早起后该做些什么,才会导致他早起之后不是发呆就是玩手机,玩到该出门去上班了才动身出发,然后继续一整天的浑浑噩噩、毫无动力。所以,早起对大卫没起到任何作用。

早起固然重要,但是早起之后做些有意义、有价值的事更为重要。无效早起真的不如多休息一会儿。早起毕竟是我们自律的一种方式,是自己做给自己看的,只有将早起后的时间合理运用,早起才有价值。

早起的前提是对早起后的时光已经有了合适的安排,我们能规划好、充分利用好这段时间。

那么早起后应该做点什么好呢?

(1)花点时间为自己准备一顿美味、营养的早餐。不要觉得做早餐、吃早餐是浪费时间,早餐是一天当中最重要的一顿饭,不吃早餐,一上午时间我们的身体将在饥饿中工作,整个上午都会缺乏精力。等到了午餐时间,又会因为太饿而吃得过饱,吃很多不健康的食物,如含有高脂肪与高糖分的食物。所以,吃早餐是很有必要的,不管是为了健康着想,还是为了在工作时能有充足的精力。

另外,不论是做早餐还是悠闲地吃早餐,都能带给我们一定的仪式感。沐浴在清晨的阳光里,一边吃早餐,一边读报纸、杂志,再配上一杯咖啡,感觉自己的生活品质提高了不少,比在上班的路上狼吞虎咽或者在办公桌前饿着肚子工作好多了。

(2)做一些让自己提神的简单运动。瑜伽、慢跑、跳绳以及伸展运动都很适合空气清新的早晨,这些运动能让我们更清醒,更有活力,毕竟接下来我们中的很多人都要面临在办公室坐上一整天的情况,活动活动筋骨对我们的健康很有易处。不想出门的话,也可以在室内跟着视频做一些运动,在早上就将身体舒展开,白天精力会更充沛。

我们可以把早起后运动这件事固定下来,一般不会被其他事情所干扰,制订的运动计划更易实现。

(3)放下手机,安心阅读一些图书、报纸、杂志。实在读不进去的话,也可以改成听书、听课的模式。现在很多读物都推出了有声版,此外还有海量的课程和节目可以听。

我们常常抱怨找不到时间来阅读,这只是自己懒惰的借口,每天早起一小时,拿出一些时间来读十几页、几十页书,一个月至少可以读完一本。阅读是需要慢慢积累的,早上正好是一段固定时间,不用担心读得酣畅淋漓时被其他事情打扰。所以我们可以做一个阅读计划,每天早起后的时间以及晚间空余时间都可以用来读书。

在闹钟响后,其实我们很难做到立刻就掀开被子起床。这时我们可以先听一段有声读物,在念书人铿锵有力的声音中提起精神,利用这段缓冲时间让自己清醒。

第二节　晚间时间争夺战

一、重要的不是加班，而是效率

现在来做个小测试，看看自己符合以下哪些情况。如果和自己的情况相符，就在方框里打上"√"。

（1）每天都祈祷能够按时下班，为下班后的时间做了很多计划，可到了下班时间，手里仍然有很多的工作没有做完。无奈之下只能留在办公室继续做，同事们却一个一个下班回家了……	☐
（2）在领导布置任务让你今天完成后，你就产生了悲观的心理，觉得自己多半做不完，然后就慢悠悠地开始工作，毫无动力。	☐
（3）原本计划得很好，但是有了新任务后就手忙脚乱起来，最后重要的工作没做完，先把不紧急、不重要的都做了。	☐
（4）领导给你安排了不擅长的任务，你不知道应该怎么沟通和拒绝，最后花费了很多时间也难以完成，只得留下来加班。	☐
（5）加班到晚上8点，手里的工作也差不多完成了，但是看到周围还有不少同事在加班，自己也不知道该不该走。	☐

如果你的"√"大于3个，那么你应该管理一下自己的时间，改变一下状态，让自己尽量少加班了。

造成我们下班后还不得不留在办公室里加班的又一大原因就是，我们每天需要做太多自己不擅长的工作。有很多人每天都把时间浪费在他们既缺乏技能又对他们本身没有意义的大量工作上，并且强迫自己去完成，还沾沾自喜地认为自己用了功。

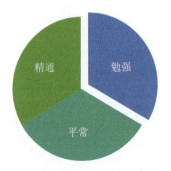

有一些任务是我们精通擅长的,我们能比别人做得更好,需要的时间和精力也更少,并且能在完成的过程中收获趣味性和满足感。而有一些任务是在我们能力范围内的,我们完成它们需要花和别人差不多的时间,完成情况虽算不上优秀,但也合格。还有一些任务是我们勉强才能做的,做起来很费劲,过程波折,结果也不尽如人意,甚至有时候需要重做好几次才能合格。

我们在工作的过程中要有较高的效率才能尽早完成工作,不用加班,因此我们要尽可能去做那些我们精通的、花费的时间较少、效果较好的工作,而不在我们能力范围内或是勉强才能完成的工作要尽量避免,能让擅长它们的人做就放心大胆地交给别人做,该拒绝时也应当用合理的理由拒绝。否则,我们就要天天留在公司加班处理这些做了也做不好的工作了。

综上所述,一方面我们要尽可能使自己在白天就达到高效的状态,尽早处理完工作,减少加班的情况;另一方面我们需要加班时也应该加班,但是要讲求效率,如果加班没有效率,只会让我们饱受痛苦。最好是能够通过时间管理来提高效率,将时间花费在擅长的领域。

马克是部门的业务骨干,他每天需要处理的工作数不胜数,在公司做不完就拿回家继续加班。吃过晚饭后,马克就打开文件开始加班,但是每次都不能马上进入状态,一会儿看看手机有没有新消息,一会儿和家人聊几句天，直到很晚了才意识到工作还剩很多没完成，这时已经感觉疲惫，脑子运转不起来了，于是只能草草将工作收尾，拿回来的文件大部分翻都没翻过，只处理完了一小部分。

我们总感觉晚上的时间比较长，即使用一些时间加班，依然还会剩余一些时间做自己想做的事，心理压力会比较小，因此才会出现马克这样的情况。有时候一两个小时就能完成的工作，一整个晚上也没有完成，在深夜到来之际还在苦熬。

面对这种情况，我们可以将工作移到早上去完成，比如，马克当天没有看完的文件，他可以带回家第二天早上起来看，或者第二天早点到公司继续工作。早上集中注意力本来就比晚上容易，加上有了紧迫感，想要在上班之前完成，因此自然会高效起来。并且，只要不是硬性规定要在当天晚上就必须提交，那么第二天上班时间前提交和晚上熬夜完成后提交是没有多大差别的。马克将加班时间调整以后，每天晚上就没有那么痛苦了，不仅可以开开心心娱乐，而且可以得到充足的时间休息，第二天的早起也让一天有了精神，工作时间也不会受熬夜的影响而没精打采。

二、晚上是自我提升的最佳时段

虽然早起的时光很美好，为高效的一天奠定了基础，但早上的时间毕竟是有限的，要想得到大幅度的提升，除了要把握早起后的时光外，还要抓住每一个晚间时段。晚上8点到10点，可以称作一个职场人士的"再塑阶段""蜕变时间"。

职场人士白天在各自的岗位上忙忙碌碌、拼搏奋斗，而到了晚上，暂时远离了办公大楼的灯光，与压力之间有了一条"楚河汉界"。如果不用加班，那么和早起后的时间一样，晚上8点到10点这个时段也是每个人一天当中为数不多的可以自由支配、自我提升的时段。

我们常常听到这样一句话：如何度过一天，就是如何度过一生。一天是一生的基础单位，我们虚度了今天，难免不会虚度明天，人们总是想"明天再来做"，结果这个"明天"就被无限推迟了下去，因为"明天"永远是相对于今天的明天。无论效率如何，大多数人白天都是在工作中度过的，下班回家吃过晚饭后的时间，一般就由我们自己安排了。有的人每天拿出一点时间来学习，即使只学一个小时，长期坚持也能有很大的进步。有的人完全没有思考过晚上要给自己安排什么，回到家往沙发上一躺，一个晚上就过去了，这一个晚上也是一天的缩影，这样的人很可能每一天都是这样无效度过的。

所以，我们最好将晚上作为自我提升的最佳时段，即使只利用一个小时甚至半个小时的时间，只要坚持去做一件我们想坚持并且能坚持下来的事情，自己也能得到提升，并且不会辜负这一天的时间。

利用晚上时间进行自我提升，要坚持下去并不容易，因为白天已经劳累了一天，不少人还要牺牲一些休息时间来加班，回家后想休息娱乐也是人之常情。因此晚上要进行自我提升，但不要将时间占满，要拿出时间为自己充电，还要拿出时间让自己恢复精力。所以回家以后，在晚饭前或晚饭后适当休息，然后再开始学习、工作。

利用晚上时间进行自我提升时，需要注意以下问题。

1. 在工作、学习前要先给身体进行预热，确保自己有足够的精力进行后续活动

回到家本来就已经很累了，吃过晚饭后人会感觉非常困倦，做什么都打不起精神，计划制订好了也迟迟不想去实施。这其实是人的一种正常反应：人在充足饮食之后，由于血液大部分流向了消化器官，导致大脑供血不足，因此经常会出现困倦、头晕、没有精神，脑袋空空，什么也不想做，感觉自己什么也做不了的问题。

要想解决这个问题，我们就要对身体，尤其是对大脑进行预热，将自己调节到合适的状态以保证自己可以学习提升。就好比我们在进行体育锻炼之前，一般需要先做一些热身运动，来充分调动各方面的身体机能，一方面防止自己在运动中受伤，另一方面使自己在运动时处于最佳状态，发挥最佳水平。而我们在晚间工作、学习前进行预热，可以提高大脑的活跃度，充分调动大脑的状态，同时也能更快地进入状态。

为了进行预热，我们可以在做高难度的工作、进行有挑战的活动前，先处理一些简单的事宜，找一找工作、学习的状态和氛围。一方面是为了远离刚才轻松、散漫的状态；另一方面是为了让大脑进行一些准备活动，避免因为觉得接下来的任务困难而产生抵抗情绪，一直拖延着不去开始。通过预热可以把大脑的功率逐渐拉升起来，大脑活跃了，面对复杂一点的任务也就不会因为太抵触而放弃。

除此之外，我们还可以通过一些其他行动来放松大脑，便于之后快速进入自我提升的状态。比如，在晚餐后散散步，在附近的超市购购物，这些都是非常好的预热活动，既不会使身体太过疲惫，又可以使我们从晚饭后产生的困倦状态中走出来。同时，在散步途中，我们就可以开始思考和安排接下来要解决的问题，充分利用时间让大脑预热，提前进入工作、学习状态。同理，做家务、收拾整理书桌也能达到同样的效果。

有了预热带来的缓冲时间，再去进行相同的活动，我们会发现比饭后立刻坐到书桌前开始做事更加高效了。

2. 晚上工作、学习时，要尽可能给自己营造一个适宜的环境，最好是闭合性的环境

晚间工作、学习通常是在家中进行的。但是很多人感觉自己在家里学习的效率不高，总是被打断，一会儿忍不住拿起手机和朋友聊几句，一会儿吃吃零食，一会儿又和家人说几句话……总之，不够专注，比不上平时在办公室的效率。

当我们还是学生时，要进行考前复习都会选在图书馆、自习室等地方，学习的效率远远高于在寝室、在家里学习。我们工作时，待在办公室工作也会比在家里工作效率更高，这时效率的不同主要是环境的差异造成的。

环境对我们的效率也是颇有影响的。图书馆、自习室很安静，不会有人大吵大闹，并且大家都在学习，里面主要的物品就是学习用的桌椅和书籍，因此形成了一个封闭的学习环境。我们进入这个环境以后，一是降低了做某些无关的事的概率，二是他人的用功增加了我们学习的动力，所以复习的效果会更好。

封闭性的环境就好像一个专门设置的无菌病房一样，会为我们工作、学习的状态拦截干扰，降低我们主动去做其他无关的事的概率，使我们保持专注。而一个太过开放的工作、学习环境无法抵挡住"病毒"的入侵，让环境"生了病"，进而破坏了我们自控的"健康状态"，这些"病毒"会不断转移我们的注意力，拖延症自然而然便现身了。

所以，建议大家晚上进行自我提升的时候，要挑选更安静、封闭、无干扰的环境，如图书馆、书吧等干扰少、学习氛围好的环境，减少待在家中的时间。此外，还可以去无网络的地方工作、学习，如一些没有无线网络可以使用的咖啡馆，这样我们根本没有机会上网做其他事情，便不得不专心工作、学习了。

3. 不要想着晚上做很多事，能坚持完成一两件就是胜利了

不要总想着整个晚上我都要用来自我提升，也不要总想着在这段时间我要完成5件事甚至更多，因为这些计划对于很多人而言根本不具备可执行性。要在晚上坚持做到利用好时间进行自我提升，就要留出真正可以执行、可以坚持的时间，如一个小时，去完成一件或两件目前最想做到的事，如学Photoshop和学日语。

要记住，如果不能执行到位，无论多么完美的计划都是无效的。特别是那些执行力不强、做事不能坚持、白天效率算不上高的人，即使给每个晚上完美地安排了10件事，打鸡血般地执行了一个晚上，通常第二天就可能把计划抛到九霄云外去了，很难坚持。

这样做反而会带来负面影响，我们会想：反正都做不到，那就什么都不做吧。其实不是我们做不到，而是基点没有找准，10个计划中至少有部分是可以做到的，那么只做这部分就好了，没必要强迫自己去做能力范围之外的事。

不管是两个小时还是一个小时，甚至是半个小时，只要能坚持就是胜利，就是在为实现目标奠定基础。只要完成一件事，这个晚上我们就利用到位了，就比别人多了一份成长。

三、治疗"晚睡强迫症"

小林下班后像往常一样，回家吃饭休息，和家人一起看看电视，然后就开始加班工作并为第二天的工作做准备，不知不觉就到了晚上11点，准备睡觉了。由于在睡觉前工作了一段时间，小林感觉有些疲惫，但还是拿出手机刷了刷微博，又用微信和朋友聊了聊天，并将手机上的每个社交软件都打开看了看。之后小林又继续在视频软件上看起了电视剧，直到困得不行、眼睛实在睁不开了才放下手机入睡，而这时已经快凌晨一点了，小林第二天早晨7点半还得起床上班，由于睡眠时间不足导致第二天工作时缺乏精神、效率不高。

相信现在不少人都有或者曾有过这样的情况，明明已经很困倦了，但却"舍不得"睡，一定要进行一些娱乐性的活动才愿意睡觉，我们一般把这种状况看成拖延症的一种演变行为，将它称为"晚睡强迫症"。有晚睡强迫症的人明明已经意识到时间很晚了，该睡觉了，也有困意，但就是不想睡，一定要玩玩手机或者电脑，上上网、看看电视剧、玩玩游戏。晚睡强迫症出现的原因主要是因为现代人工作压力大、节奏快，平时大部分时间都用在了工作上，做自己想做的事、休闲娱乐的时间严重不足，觉得一天没做几件自己想做的事，这一天就没什么意义。于是一到晚上就"变本加厉"地找回来，占用自己可支配的睡觉时间来娱乐。

晚睡强迫症一般具有以下症状。

（1）觉得晚上时间宝贵，在深夜总爱思考各种事，不愿意那么早睡觉，结果错过了最佳入睡时间，导致失眠，严重影响第二天的效率。

（2）感觉平时和朋友交流得少了，一到晚上就在QQ群、微信群或其他社交软件上活跃起来，等到大家都睡了才愿意放下手机。

（3）一躺在床上就拿起手机看朋友圈、刷微博、逛淘宝，完全不考虑是否该睡觉了。

（4）拿着手机或电脑看剧看到很晚，想着看完这集就睡，结果又好奇接下来的剧情，一集完了又马上接着看下一集。

（5）白天工作没什么精神，由于没有睡好，在公交车、办公室、客厅、书房等地方随时随地都能睡着。

（6）每天都在上演着"今天一定要早睡"和"这么早睡会不会太可惜了"的大作战，早上起床时给自己定下早睡的目标，晚上却还是忍不住娱乐到深夜。

长期晚睡会对健康造成巨大的危害，在长期生活作息不规律的情况下，我们会出现失眠、健忘、易怒、焦虑不安等问题，严重影响我们的身心健康。这是由于缺乏睡眠以及过度劳累使身体的神经系统功能紊乱，导致体内主要的器官和系统失衡，比如，可能会出现心律不齐、内分泌失调等病症，严重的甚至会导致全身处于应激状态，而感染疾病的概率也会相应增加。疲劳症状强烈的人会比一般人患上呼吸系统疾病、消化系统疾病等各种疾病的概率增加许多。而熬夜时超负荷的用眼会导致视功能减退，出现视力下降、视线模糊等问题。

除此之外，晚睡会导致我们记忆力下降、注意力不集中、白天的工作效率不高。交感神经在夜晚长时间保持兴奋，而到了白天我们就会出现没精神、头昏脑涨、记忆力减退、注意力不集中、反应迟钝等问题，时间长了还容易神经衰弱、失眠。

既然晚睡有如此多的危害，那么我们怎样才能抵抗"晚睡强迫症"，改善自己的睡眠状况呢？

1. 使用心理暗示法

给自己心理暗示，让自己明确晚上是休息的时间，困了就睡，不要拖延。只要到了晚上该睡觉的时间，就通过心理暗示告诫自己该去睡觉了。其中最有效的方法就是给自己增加一点仪式感。

其实大多时候我们之所以很晚还不想睡觉，只是因为我们的潜意识里认为入睡意味着这一天结束，我们还想在这一天做更多的事，进行更多的娱乐。而和今天的自己说再见对于我们而言是痛苦的，我们的心很浮躁，还没有得到想要的满足感。这也是为什么很多人晚睡也没干别的，主要是将时间浪费在了网络上，他们通过不停地在信息流中漫游来找寻自己的满足感，殊不知，这样做只会让心变得更浮躁、更空虚，安稳入睡更困难。

所以，给自己一个完整的带有仪式感的行为，告诉自己这一天已经过去了，现在是常规的睡眠时间，我们可以心甘情愿地睡去，然后等待开启下一天。这个仪式不要只是碎片化的方式，一定要是一个完整的、有首有尾的过程。比如，可以听一段完整的抒情文字，现在有很多朗读诗歌、散文的公众号，还有一些私人电台也会阅读一些帮助我们入眠的文字，睡前听一听这些既可以使身心得到放松，又可以陶冶情操。

我们也可以选择阅读几页书或者阅读杂志上的一篇小短文。夜间阅读可以使我们放松下来，内心得到满足，然后就可以在潜意识里告诉自己，今天我已经读完一段自己喜欢的文字，得到了我所需要的，可以安心睡觉了。

此外还可以听一首舒缓的音乐，看一集公开课或者纪录片。

这里给大家推荐【喜马拉雅】App，打开后能看见很多有声读物或电台，还有一些供听众学习的课程，睡前可以听一听。

总之，这件事情要是流畅而完整的、舒缓的，而不是碎片的、零散的。这样做完后我们内心才会感到安静和舒适，同时给予自己心理暗示：是时候入睡了。

2. 转移注意力

不要让网络干扰我们的注意力,在睡前远离电子产品可以帮助我们入睡。电子产品不仅浪费了我们当前的时间,还会使我们亢奋起来,从而更加难以入睡。因此,想要得到优质的睡眠,在睡前一个小时最好将手机关机,也不要再去碰电脑。

在这一个小时里,可以做以下一些事:列好明日的工作计划清单,准备好第二天要穿的衣服,用热水泡泡脚,喝一杯热牛奶,创造黑暗的睡眠环境,等等。其中,黑暗的环境是令体内褪黑色素增长的必要条件,而科学研究发现,褪黑色素是有助于睡眠的。

3. 通过运动助眠

睡前做瑜伽、不太激烈的运动也有助于睡眠。

我们要避免在夜间做太激烈的运动。过度的疲劳式运动反而容易导致失眠,只有适度合理的运动才可以达到助眠的效果,而其中有氧运动对于帮助睡眠是最有效的。

有氧运动是指人体在氧气充分供应的情况下进行的运动。在进行有氧运动的过程中,人体吸入的氧气与需求相等,可以达到生理上的平衡状态。要判断一种运动是否属于有氧运动,主要的衡量标准是心率。心率保持在 150 次/分钟的运动为有氧运动,在这样的条件下,血液可以供给心肌足够的氧气。在晚间进行有氧运动时,需要持续 30 分钟以上才能达到锻炼身体、帮助睡眠的效果。至于运动方式,可以选择慢跑、爬楼梯、做有氧操等。

此外,晚间还可以跟着视频教程进行一些简单的瑜伽运动,起到调节身心、放松自我的作用。

第三节　关于工作之余的8小时，我们应该这样安排

上班族每天都有3个8小时，第一个8小时是工作，第二个8小时是休息，第三个8小时是业余时间。哈佛有一个著名的理论：人的差别在于业余时间，而一个人的命运取决于晚上8点到10点。每晚抽出2个小时的时间用来阅读、进修、思考或参加有意义的演讲、讨论，我们会发现，自己的人生正在发生改变，成功也离我们不远了。

一、发现人生的更多可能性

相比上班时高强度高压力的环境，下班后的时间总会更惬意一点，随性一点，但这并不意味着下班后的时间应该被我们无所事事地随意浪费掉。下班后的时间也能帮助我们寻找人生的意义。

可以考虑做点儿什么，让自己工作之余的时间变得更有意义，如给自己制订一个学习目标。关于制订下班后的生活、学习小目标，可以从以下几个方向去考虑。

1. 培养与自己兴趣爱好有关的技能

我身边有一个朋友是"追星族"，她经常参加一些活动。在这些活动中，一般"粉丝"都喜欢拍下偶像的照片作为留念，久而久之，这位朋友喜欢上了摄影。因此，在工作之余她拿出部分时间去专门学习摄影，并且参加各种活动，在实践中不断提高摄影水平。这之后她又学习了如何使用Photoshop美化图片。

现在她不仅享受"追星"带给她的快乐，还掌握了多种技能，这些技能反过来对她的工作也有一定的潜在帮助。通过爱好来培养技能是一

件成功率和性价比双高的事情。

学习能够帮助我们更好地发展自己的爱好,从我们内在的兴趣出发,这样在学习这些技能的时候就不会感觉痛苦了,而且心情的愉悦更能提高学习的效果。

如果现在你还不知道自己应该学习哪方面的技能,那么建议你可以先罗列出自己的爱好,然后再筛选出可以培养新技能的爱好,找出自己可以发展的目标。

下面的清单是部分可供我们选择的爱好,如果觉得适合,可在旁边打"√"。

阅读与写作
烹饪料理
摄影
编程
服装搭配与设计
跑马拉松
美妆

如果暂时实在找不到自己的兴趣爱好,那么可能需要多去尝试,在实践中发掘,最后通过观察和感悟找到自己的目标。

2. 继续提升工作中需用到的专业能力

在从事各项工作时,我们不可避免地需要很多技能,如外语技能、Office 软件操作技能、演讲技能、理财技能等。

比如，从事人力资源工作的人，会经常用到 Excel，那么可以将它作为自己专研的对象。除了在工作时间使用它之外，还可以将探索 Excel 更多的功能和成为 Excel 软件操作达人作为目标，下班以后继续从书本上、网上、线下的培训课程中提升自己的 Excel 操作技能，这样不仅能提升自己的业务能力，还可以将自己培养成某个领域的能手。在互联网时代，让自己成为内容的分享者和创造者，创造更大的价值。

3. 把目标数字化

如果我们的目标是健身减肥，那么我们可以把这个目标拆小量化为每天跑步 30 分钟或做 1 个小时健身操；如果我们的目标是成为阅读达人，那么可以把这个目标拆小量化为 1 周要看完 2 本以上的书。如果目标是成为互联网自媒体人，那么可以把这个目标拆小量化为 1 周写 3 篇自媒体文章，并且每天保持和读者互动。长久坚持，实现目标就指日可待了。

当我们将目标分解后，它会更直观、更清晰、更易统计，也更易让我们获得一个个小目标完成后的喜悦，这些小喜悦会汇成最后的大成功。

如果我们能保持每天跑步 30 分钟，那么一个月就能跑 900 分钟，一年就是 10 800 分钟。如果我们每周读 2~3 本书，一个月大概就能读 10 本书，一年就能读 100 本书。如果我们能长期坚持在自媒体平台发表文章，相信我们的关注量也会慢慢增加，从 0 变成 1 000 甚至 10 000 也是很有可能的。10 800 分钟、100 本书、10 000 人都是非常震撼的数字，对于我们来说，是一种清晰可见的肯定和鼓励自己继续下去的巨大动力。当然，只有坚持，这些数字才能成功实现。

工作之余的目标	目标分解 1	目标分解 2	目标分解 3

一个想减肥的人，他的目标可以按下面的方法分解。

工作之余的目标	目标分解 1	目标分解 2	目标分解 3
减肥	每天慢跑 30 分钟	每周日去游泳一次	工作日不吃夜宵

二、工作之余的时间也不能掉以轻心

面对工作之余的时间，我们千万不能掉以轻心，要计算好自己下班后有多少可用时间，才能正确分配这些时间。

现在大部分职场人士的上下班时间是朝九晚五，假设我们安排自己每天晚上 11 点睡觉，那么理论上在工作日下班后我们有 6 个小时的可用时间。不过从现实情况来看，或多或少会有加班的时候，此外通勤、晚餐也会占去很多时间，所以实际上可以自由支配的时间是少于 4 个小时的。而周末如果没有加班的情况，一般可以有 12 个小时的自由时间。

以我身边的朋友小 U 为例，她的下班时间是晚上 6 点，但一般会加班到 7 点才离开，之后坐地铁回家需要花费 1 个小时，吃晚餐及做家务需要 1 个小时。即使她睡得比较晚，一般晚上 12 点才准备入睡，那么她下班后实际可用的时间也不到 3 个小时。不过，还是建议她可以稍微

早一点入睡。

　　了解我们下班后有多少时间可供自己分配，才能有效管理时间，为实现目标制订计划。当然，大家也可以先花一周的时间来做记录，这样就能保证自己的提升计划的可执行性更高。否则，我们可能会因为不了解自己下班后的时间情况而盲目做计划，结果根本无法完成。比如，小U最多只有3个小时的时间，但她给自己安排2个小时的外语学习时间、1个小时的锻炼时间以及1个小时的阅读时间，这当然是完不成的，这样就失去了做计划原本的意义。

　　但是小U通过记录自己下班后时间的使用情况，发现了问题所在，对自己的计划做出了调整，将学习外语的时间改为1个小时，阅读时间变为40分钟。这样一来，她不仅完成了计划，还给自己留下了适度的休息时间。

　　下班时间：

　　睡觉时间：

　　通勤时间：

　　晚饭时间：

　　晚间休息时间：

　　最终晚上可以利用的时间：

三、成为一个好的学习者

　　大数据时代，大家每天醒来第一眼看到天花板，第二眼可能就是手机里的微博、朋友圈、新闻、邮件等各种爆炸式的信息，这些信息通过视神经输入我们的大脑皮层中。

　　面对如此烦琐的信息内容，我们如何节省自己的时间，快速挑选出有用信息，深度吸收知识并构建系统的知识体系，成为一个好的学习者呢？

1. 永远不要停止学习，成为一个终身学习者才能更好地适应这个社会

学习应当是一个人一辈子都需要掌握的技能，这个社会也是一个学习型社会，一切都在不断变化中，掌握什么技能都不如掌握学习的能力重要。如果我们能将一部分业余时间投入学习当中去，那么长期的积累将使我们终身获益。

2. 对自己有清晰的认知

不论是学习前还是学习中，都要对自己的知识水平有一定的认知。学习前要了解自己的真实水平，知道自己容易在哪里犯错，知道自己在学习上的优势和劣势是什么。学习时要清楚自己掌握了哪些内容，还有哪些没有搞懂，以及哪些自己容易遗忘，然后不断对弱项进行强化。对于自己存在的缺点，在发现后要及时改正，而自己的优势要尽可能发挥出来。比如，对于一个意志力薄弱的人，要尽量选择去图书馆、咖啡厅学习，不要总和电视剧、电脑还有沙发和床待在一起。学习时不要想着"我玩一会儿游戏再学习"，否则很可能会"空手而归"。又比如，你知道你的优势是善于归纳总结，那就把这个优势发挥出来，在学习时做好笔记，复习时看看自己的笔记就可以了。

3. 良好的心态是学习进步的助推器

我们常说，"胜不骄，败不馁"，就是提醒自己在学习时要保持良好的心态。一方面，学习是一个持续性的行为，不要受制于一时的困难，要有信心可以学好。另一方面要随时保持谦逊，在追求知识的道路上千万不要自满，因为知识的浩瀚宇宙是无穷无尽的，不要沉溺于一时的收获，而要努力开启下一步的探索旅程。

4. 不要因为别人而打乱自己的节奏

在学习时，我们要有自己的节奏和计划，不要因为一些琐事而打乱自己的节奏。我们可以寻找学习伙伴，相互帮助、督促双方进步，分享

学习资源、分享学习心得，但千万不要因为他们而放弃自己的学习节奏。

5. 不要花费过多的时间去找资源，真正重要的是用好资源

总有人在学习之前会花大量的时间去图书馆或者网上寻找资源，但这些资源并不是学习的成果，如果不将它们投入学习中，下载再多，该不会的还是不会。而且有时候找来的资源和我们的学习目标并不符合，它们只会增加电脑的负担，并且还不得不花时间去阅读、研究，直到最终清理掉它们。

重要的是我们的脑子里有什么，而不是我们的硬盘里有什么，因此要提醒自己，不要陷入找资源的陷阱中。当我们真正需要时再去花时间下载资源，这样会节约很多漫无目的地搜索资源的时间，资源的利用率也会得到极大提升。

6. 留出时间回顾学习成果

每天的学习时间结束后，要花一小段时间在大脑里简单回顾一下今天所学的内容，这样会对自己的学习进度有一个清晰的认识，才能更有针对性地调整任务。

回顾测试：
如何使时间管理更有成效？

一、选择题

1. 下面属于目标分解方法的是（　　）。

    A. 分子分解法

    B. 重要性原则

    C. 目标排序法

    D. 以上都是

2. 以下不属于了解自己时间模式的方法的是（　　）。

    A. 观察周围人的时间模式

    B. 向他人寻求帮助

    C. 从书上查找

    D. 把自己当作他人来对待

3. 以下不属于促进早起的方法是（　　）。

    A. 在第二天早上立刻提早两个小时起床

    B. 暗示自己早起的时间点

    C. 参与社群，寻找伙伴一起早起打卡

    D. 将做计划的时间提前到前一晚

二、简答题

1. "SMART 原则"的含义是什么？

2. 如何成为一个好的学习者？

第四篇
效率篇

时间管理的一大目的就是使我们的工作和生活更有效率，在有了正确的态度和方法后，还需要掌握有效的技巧。本篇将为职场人士介绍有效的技巧，以便大家更轻松地管理时间。此外，电脑是很多上班族日常办公所必需的，手机对于很多人来说也是随身物品，本篇为大家推荐部分精选的电脑软件和手机 App，帮助大家在实践中收获效率。

第九章 高效人士都知道的整理术

如何打造整洁、高效的工作环境？如何不让电子邮件拖累你？如何使清单成为你的得力助手？本章将为大家介绍一些高效整理术，帮助大家获得技巧，提高效率。

带着以下疑问阅读本章

- ❖ 你的办公环境如何？为什么我们需要整洁的办公环境？
- ❖ 文件管理系统有什么作用？
- ❖ 电子邮件太多会给你的工作造成哪些困扰？
- ❖ 你听说过晨间日记吗？晨间日记有什么作用？
- ❖ 为什么精英都是清单控？清单的作用是什么？

读完本章，你能收获什么

- 能够了解快速整理术。
- 能够学会建立和维护文件管理系统。
- 能够了解如何处理邮件过多的问题，不让邮件拖慢自己的工作速度。
- 能够学会写晨间日记。
- 能够学会制作工作清单、社交清单。

第一节 高效的一天从整洁的办公环境开始

整理术不仅可以让我们的桌面更整洁、办公环境更舒适，更神奇的是，我们可以通过整理外部的环境从而认识和反思自身的缺点和不足，从另一个层面来使自己得到提升。要获得高效的一天，就从保持整洁的办公环境开始吧！

一、换个视角看看你的办公室

在办公室里找个空闲的时间来做一件有趣的事：用全新的视角仔仔细细地审视一下自己的办公室。

我们可以把自己当作客人，假设自己是第一次进到这间办公室，对周围的环境充满陌生感。通常我们来到一个新的地方都会对此处有新的感观并产生或优或劣的印象，在内心形成自己的判断和评价。现在我们就以第一次造访此处的客人所独有的眼光来审视自己的办公室，最大限度地发掘让人不满意之处。

接下来我们可以读读下面的问题，这些问题旨在帮助我们检查自己目前所在的工作环境，找到其优缺点，知道哪些地方应该整理，以及应该从哪里入手整理。要记住，这些问题是为我们自己准备的，需要自己思考答案，不要去询问他人，这样才能找到最适合自己的工作环境，而不是去在乎他人的感受。

（1）对整个办公环境进行环视和大致扫描，回答下面的问题。

○ 这间办公室如何？是井然有序还是凌乱不堪？在这间办公室里工作的人是怎样的人？

○ 这里的环境是让你感觉很舒适还是根本不想踏进来，如果是后者，那么是不是影响你的工作效率，让你完不成任务的一大因素？

○ 办公室的空间是被妥善利用了还是只是胡乱堆放了一些用不着的

东西，这些东西是不是应该扔掉或者放回家里？

○ 每次进出门或者去取办公室的某件物品时会感觉进出、行进困难吗？有无关的东西挡住你的去路吗？

○ 办公室是否有布置一些合适的装饰物，让办公环境更人性化、更温馨舒适呢？

（2）把注意力集中到最重要的地方，也就是自己的办公桌，继续思考下面的问题。

○ 你的办公桌上是不是放着很多文件，你自己也不记得是什么时候放上去的？

○ 零食、相框等私人物品是不是挤满了你的桌面，严重压缩了你的个人办公空间？

○ 你的抽屉有好好利用吗？是空空荡荡的还是有秩序地放着各种东西，抑或是一打开东西就会被挤出来？

○ 你的办公桌上、电脑上是不是贴了各种便利贴，而且有些已经贴上去很长时间了也没有取下来？桌上或抽屉里是不是放了很多没什么用的名片，而且根本分不清这些名片的主人是谁？

（3）想想自己在办公室里的感觉，你会如何向别人描述这种感觉。

○ 你会将办公室描述成"狗窝"吗，还是觉得现在的环境很好，很满足？

○ 领导或客户造访时，你是觉得非常自豪还是感到羞愧万分，只能向对方道歉并解释"是最近才这样的"？

小米的办公桌上堆满了各种东西，收到相关文件也不立刻处理，甚至不去分类，只是随意地将它们堆放在桌面的一隅，等到需要使用时再去找，每找一次就要花时间将所有文件浏览一次，要是某份文件有急用，还需要发动周围的同事一起来帮忙找。除了文件，小米还喜欢在桌上堆放各种私人物品,如手机、纸巾、护手霜、眼药水以及各种零食,从抽屉里拿出来东西后也没有将它们归位的意识,有时候想用也不知道该去哪里找。小米抽屉里的物品长期处于无序状态,有时候空空如也,有时候拥挤不堪。小米的这种状态严重影响了她的工作效率,有一次她不小心将茶杯碰倒了,很多重要文件被污染,不能再用,为此她不得不连续多日熬夜加班重做文件,还害得部分同事也需要加班重做,这时她才下定决心要好好整理自己的办公桌。

如果你也像小米一样,那就需要好好学学整理术了。

二、创造高效的办公环境

办公桌是职场人士每天接触得最多的物品之一。整洁有序的办公桌会有助于提高工作效率,相反,杂乱不堪的工作环境只会让人心浮气躁。对于办公桌的布置,我们应坚持"桌面上的东西要少而精"的原则,最好只摆放每天会用到的必需物品,那些不常用的东西就暂时先放在抽屉里。

在每天下班前,我们要注意恢复桌面的整洁,很多人上班时忙得脚不沾地,没有多余的时间整理办公桌,下了班又懒得收拾,总想着"明天上班再说",留下一个凌乱不堪的办公桌就闪电般地离开了。而第二天一大早来到公司就面对着一个垃圾堆一样的办公桌,更不想收拾了……所以,不管是正常下班还是加班到很晚,最好都简单地收拾一下办公桌。更重要的是,不要怕麻烦,在日常工作中养成收拾整理的好习惯,能帮助我们避免更多、更大的麻烦。

无论多么宏大壮丽的建筑,都是从一砖一瓦开始砌起来的。我们想获得整齐舒适的工作环境,就需要在平时工作中逐渐学会并运用整理术,一步一步整理,让自己的工作环境保持整洁、工作心情保持愉悦、工作效率保持高效。

1. 物品归类

对办公桌进行整理，首先要区分出办公桌上的物品哪些是必需品，哪些是可有可无的。桌面应该只摆放必需品，而且数量要尽可能少。抽屉里的物品也要摆放整齐，数量同样不要过多，不要随意堆放在抽屉里，要注意分类。

那么我们应该如何对办公桌上的物品进行分类呢？

（1）拿出一张白纸，清点办公桌上和抽屉里的所有物品，将它们写在纸上，并且最好整理成一张表格。在表格中记录时要把同一种类的物品记录在一起，比如，桌上有三本不同内容、不同类型的书，记录时都记作"书"；笔筒里有钢笔、圆珠笔和铅笔，每种数量不一，但都要记在"笔"这一栏里。在清点时不仅要注意物品的个数，还要将它们进行正确的归类。

（2）从所有物品中找出自己的必需品，也就是要从所有物品里面挑选出工作中经常使用到的东西。在分类过程中，我们可能会感觉有些吃力，很多东西我们也不清楚到底是不是必需品，到底应该如何处理。也正是因为这种模糊的界限，才导致我们的办公桌平时处于无序混乱的状态。

（3）对于那些自己不知道应该如何归类的物品，可以通过使用频率将它们进行划分和排序：每天都要使用的、几天才会用一次的、每周用一次的、每月用一次的、几乎不用的或者过了很长时间只用过一两次的物品……对于至今没有用过的物品或者很长时间只用过一两次的物品，可以选择直接扔掉或是放在最不易拿取、平时接触不到的地方。

在分类过程中，可以在纸上制作适合自己的表格，也可以按照以下清单来统计桌面上的物品。现在就可以开始整理统计了。

物品名称	数量(非必填项)	使用频率

下面是我们在办公桌上经常使用或者会存放的一些物品。

物品名称	数量(非必填项)	使用频率
笔	5	每天
计算器	1	每周一次以上
记事本	2	每天
日程本及日历	1	每天
书	6	每周一次以上
文件夹	1	每天
水杯	1	每天
手机	1	每天
雨伞	1	一个月一次以上
数据线、U盘、移动电源	4	一周一次以上

（4）整理完毕，再对办公桌上和抽屉里的所有物品进行归类，一般可以将所有物品分为三大类，比如，根据上面的表格来进行列举。

类别	包括的物品
文具类物品	笔、计算器、记事本、日程本及日历等
私人物品	水杯、手机、雨伞等
文件资料类及其他办公用品	书、文件夹、数据线、U盘、移动电源等

此外，在判断一个物品是必需品还是非必需品时，我们可以依据这样一个标准：所有可能会对工作效率造成阻碍的物品都是非必需品。比如，和工作内容无关的杂志、零食，这些都是会转移我们注意力的东西。

温馨小提示

1. 对于办公用品和私人用品的收纳

如果你使用的办公桌带有抽屉，那么建议你把物品都整理好放在抽屉里，只在桌面上留部分最常用的物品，如日历、茶杯、装有笔的笔筒。这样可以为你在工作时"大展身手"留下足够的空间，也会让你坐在办公桌前感觉神清气爽，不会产生压抑、堵塞的感觉。

如果你的办公桌的抽屉有三层，那么建议在最上层的抽屉放文具类的物品，需要时可以直接伸手拿到；中间一层放自己的私人物品；最下层的抽屉收纳与文件相关的物品，放进去之前要注意整理归类。

我们收纳的一大重点是，当需要使用某物品时，可以清楚地知道它在哪里，不用浪费时间到每一个地方去翻找，因此比起仔仔细细地将每件物品摆放整齐，将其放在固定的能找到的位置更重要。

2. 对于文件的归类

文件是工作中我们最常见的物品，也是非常重要的物品，在工作中我们要注意将它们细心保存、妥善管理，否则可能会给公司造成不必要的损失。因此,在平时工作中我们最好给各类文件资料建档归类,而不是一团糟地随意堆放在办公桌上。这样既能有效管理,保证文件的安全性,也能在需要某一文件资料时快速找到。此外,还有以下几点也需要我们注意。

(1)对于批示完毕的文件,一定要及时转交出去,如果长时间堆放在自己的桌上,我们可能会将它遗忘,影响工作的顺利开展。最好在完成后就立即转手或是记录在自己的清单上,做到心中有数。

(2)暂时没用或已处理的文件,需要放置到书架或档案柜里,避免造成桌面文件积压,因找一份文件而耽误自己大量的工作时间。当我们到柜子里拿了文件,用后应立刻物归原处,同时还要注意文件的保密性和安全性。

(3)对于当天需要及时处理的文件,要记录在清单上,善用手机、电脑的提醒功能,每处理一个文件就将它从清单中去掉,并归类到已处理的文件中。

(4)未处理的紧急文件最好放在手边,一是提醒自己尽快处理,二是方便找到。不过要注意摆放整齐,也要注意不要弄烂弄脏。

(5)文件一定要定期进行清理,最好是一个月清理一次,把那些过期的、没用的文件都处理掉,别让废纸占据宝贵的空间。

2. 物品的重新摆放

当我们将办公桌上的所有物品清点完毕后,不要急于把所有物品又摆好重新归位,最好是先做到心中有数,知道什么地方放什么东西。这里建议大家先给自己的桌面简单地制作一份区域设计规划图,把自己当作一名建筑师,要为一片重要区域做规划,使每块空间物尽其用。而且更重要的是,要保证整理一次,这片区域的合理性和整洁度都能维持一个月甚至几个月以上。

（1）重新拿出一张白纸，在纸上勾勒出桌面的形状，也就是我们需要规划的个人区域。

（2）在进行下一步设计之前，先来思考几个问题，回答它们能够帮助我们更好地规划区域。

把我们的区域划分成几个功能区最合适呢？

在这块区域内为写字办公等活动留下多大的空间最合适？

如何划分才能既节省空间又整洁美观？

需要留下多大的临时区域，以及有哪些物品属于临时物品，需要放在临时区域内？

（3）搞清楚上面的问题后，就可以对桌面区域进行规划了。

桌面一般可以分为以下几种功能区域。

重要区：存放最为重要、使用频率较高的资料，方便我们随时取用。一般设置在伸手就能够到的地方最好，要注意远离水杯、零食，避免一不小心污染了重要资料。

临时区：放置一些临时需要取用的物品，我们对这里所放物品的需求是短时间的，一般也就几个小时，不会超过一天。要注意随时清理这块区域，物品无须再使用时就立即拿走或丢掉，不要越堆越多。

资料区：主要存放一些平时使用频率较高的普通资料，也包括书籍、杂志等在办公中会用到的纸质物品。这块区域要注意摆放整齐、按类存放，使用后注意立刻归位，同时建议做好标签，使资料类别一目了然。

功能区：主要是为文具以及其他办公用品设置的。

私人物品区：这块区域不需要太大，能放水杯就可以了。一般不提倡在桌面放太多的私人物品。

（4）将桌面上的物品放置在为它们规划好的区域内。

三、15分钟快速整理术

现在拿出一点时间，定好闹钟，就可以开始用最快的速度进行整理了。准备一些垃圾袋，重点清理那些明显的垃圾、不会再用到的物品，以及应该拿回家的东西。对于垃圾，我们需要立即扔掉；需要拿回家的物品也要集中放置，最好在当天就带回家；需要归还的物品除非近期还有需要，否则也应马上归还。

对照下面的清单，用15分钟对办公环境来一个快速整理吧。

（1）先从私人用品着手，完成之后打"√"。

看看有没有放置了很久已经过期的食物，如果有，就马上处理掉，并注意检查食物的保质期，临期食品要尽快吃掉或丢掉。	☐
扔掉外卖盒子和饮料瓶。	☐
带到办公室的衣服如果过季或者根本不打算穿，就先放回家。如果害怕天气变冷，在办公室留一件衣服就够了。同理，像抱枕之类的东西一个就够了。	☐
办公桌的抽屉里放一把伞足够了。	☐
想在办公桌上放一张家人的照片是正常的，但是只放一张近照就可以了。	☐
建议不要在办公室放自己的收藏品，如玩偶之类的东西，它们和办公环境格格不入，只会让我们感觉拥挤不堪。	☐
看看办公室里是否还保存着放了很久、已经布满灰尘的物品，它们或许是朋友或同事以前送的礼物，用不上但又不好意思丢掉，所以一直留在办公室。对此，我们可以带回家收藏，或是送给其他有需要的人，或是狠下心丢掉。	☐

（2）对办公用品和办公设备进行整理，同样在确认完成后打"√"。

清理掉那些不再需要的办公用品，特别是当公司更新了一些信息后，不能再使用的名片、信纸、文件袋之类的物品，无法使用的就扔掉，还可以再利用的就拿去回收。	☐
用不到的办公用品最好还给公司或送给其他同事，并告诉负责发放的人，下次不需要再发放给自己了，避免造成浪费。	☐
不再需要的电子产品，如果是私人的就带回家，公司发放的也尽快还给公司。	☐
查看书桌上、书架上的报刊，将无用的送到废品回收站。	☐
不要在桌上放太多空白打印纸，把多余的纸放回文件柜或专门的收纳地点。	☐

（3）计时器响起时，就将清理好的垃圾丢掉，打包好准备带回家的物品，下班后立即带回家。这样一来，我们的办公环境一下子就焕然一新了。

第二节　使电子邮件成为快捷助手

几乎每个坐在办公室的职场人士都会用到电子邮件，它是我们与他人进行工作交流的方式之一。在我们通过电子邮件与他人沟通的过程中，好的做法可以节省我们写邮件的时间，并且可能让我们获得恰当的回复，从而进一步提高工作效率。

一、不要让电子邮件成为黑洞

在工作中，电子邮件通常被用于替代其他类型的沟通方式，可以有效减少面对面召开会议以及其他需要当面沟通的交流方式发生的概率，从而节约了双方甚至是更多人的时间。

但有时电子邮件也会成为黑洞，对我们的工作造成不利影响。由于电子邮件非常便捷，只需要电脑或者手机等设备连接网络就能轻松收发邮件，它给人们的压力是，必须第一次就能够准确地传达信息。人们收到邮件后，往往会快速回复邮件，以减少未读邮件为目标，而不对邮件内容进行深入思考。这种做法看似更高效了，实际上由于对邮件内容没有把握到位，后续可能会浪费更多时间。而且电子邮件并不能将我们的想法表述得面面俱到，更多的时候，创意的产生需要想法的碰撞，依赖于我们更密切的讨论和相互间的驳斥。过度使用邮件会减少与人面对面联系的次数，会对人际关系和协作造成不利影响。因此，我们需要做的是在不同的联系方式之间取得平衡。需要快速传递单方面的信息或者是受时间、地域等因素限制时，就使用电子邮件来沟通；在需要信息的连续输出、输入与反馈时，就要更多地采用面对面交流的形式。

温馨小提示

一般来说，电子邮件可能存在以下隐患。

（1）收件人必须有能够接收电子邮件的电脑（现在还包括手机、平板电脑等电子设备）以及网络，否则便不能与其进行交流。当然，发件人也一样，一旦断网，信息就发不出去了。

（2）电子邮件正式与否，需要把握住一个度，有时太随意的电子邮件会让人觉得不够重视他，而有时太正式又会让人觉得过于官方，说的全是客套话。

（3）垃圾邮件会不厌其烦地来骚扰我们。

（4）在打开未知发件人的邮件时，一不小心我们的电脑可能就会遭到病毒的攻击。

在使用电子邮件时，最好做到以下几点。

（1）在发送任何内容之前都应该仔细思考和阅读。即使只需要回复短短几个字，也要想好了再发送，因为一旦发送出去就无法再撤销了。如果不是特别紧急的邮件，那么建议使用"稍后发送"或"定时发送"功能，为自己预留一些考虑时间或者后悔时间。

（2）一定要核对完毕后再发送，一旦出现错误，后续将浪费更多的时间。邮件内容不要晦涩难懂、让人捉摸不透，也不要加入太多的行业用语，以免对方需要询问才能看懂邮件内容。

（3）附件不宜过大，并且要保证附件的安全性（不要带有病毒）。

（4）当需要回复邮件时，一定要尽快回复，因为对方很可能正在着急地等着我们的回复。

我们在工作时千万不要小瞧了电子邮件的作用，如果能用好它，它会成为我们得力的助手，不管是和客户交流，和同事协作，还是向领导汇报工作，它都能给予我们很大的帮助。

二、电子邮件与蜗牛邮件

电子邮件的确比不上纸质邮件正式，但它的用途与其他任何通信方式一样，在于通知、说服等。我们在编辑电子邮件时可以随意一些，但是风格和内容标准必须是合理的，不要让对方产生不适感。

一封好的电子邮件应该符合以下几点。

（1）简洁易懂。尽量使用简单的词语，不要为了追求语言的优美而过度使用书面语、不常见的词汇。否则可能造成对方要花很长时间才能明白你的意思。

（2）直接。特别是工作邮件，开门见山、直接进入主题就好，说太多没用的话只会使对方厌烦，甚至直接跳过前部分造成对某些信息的忽略。

（3）符合逻辑。逻辑清晰的邮件会让收件人阅读时更轻松。

此外，清晰简洁的标题可以使邮件的目的一目了然，有助于收件人认识到其紧急程度，也可以表明是否需要回复、何时回复。

三、邮件太多怎么办

养成高效处理邮件的习惯至关重要。面对海量的邮件，我们可以采取以下措施。

（1）若非必要，尽量不要开启邮件提醒功能，特别是当我们正忙着其他重要工作时。其实大多数时候我们收到的邮件没有那么重要，真正需要实时沟通的事项，对方会给我们来电的，所以一般邮件即使耽误一两个小时也没有关系。

（2）给每一位常用联系人（经常和我们互发电子邮件的人）都设立单独的文件夹，专门存放他们发来的邮件。这样一来，每当我们想查询这位联系人的信息或者处理与他有关的各种事项时就很方便了，无须再花费过多的时间去搜查他的所有邮件。

电子邮件的整理和实体档案是类似的。比如，我们可以创建一个收藏夹并命名为"待办事宜"，甚至可以将文件夹细分为"重要且紧急邮件""紧急邮件""重要邮件"以及"不重要不紧急邮件"。

（3）在处理每封邮件之前，最好先考虑一下以下问题：这封邮件是不是需要我们回复？如果需要的话，那么我们需要立即回复吗？在什么时间回复比较合适？需要注意的是，即使是回复邮件也需要按照重要性排出一定的顺序。

第三节　晨间日记的奥妙

一、开启一天的美丽心情

早上是与自己相处的最好时间。与晚上相比，早上的时间没有其他人打扰，一天刚开始，心态也较为平静，思考问题较为理性，对于前一天的所见所闻和所有感悟，也会以比较公正和平静的心态去面对和记录。毕竟一觉醒来会感觉很多事情已经过去了，这样一来，我们晨间写下的日记会更注重事情本身，而不是事情所引发的情绪，也能够更客观地对自己的不足进行反思，对未来进行展望。

如果能够轻松早起，并且不想睡前还因为第二天要做的事而感到压力的话，那么可以在写晨间日记的同时为自己新的一天制订一个新计划，计划当天要做什么，重心在哪里。通过记录，反思前一天的事情，知道需要在哪些方面进行改变，从而改变当天的行为，使当天的计划更符合自身的情况。每天早上梳理这一天的重要事，让自己每一天都能完成最重要的事，工作中重要的事不会被耽误，生活中要做的事也不会一直拖延。

在早晨写日记的好处有以下几方面内容。

（1）可以准确、客观地叙述前一天所发生的事情。晚上写日记，总是难以压抑自己的负面情绪经过了一个晚上，早晨看事情更客观。

（2）早晨效率会比较高，写日记也不会占用太多时间。

（3）早晨是一天的开始，通过写日记可以为新的一天做好准备。

（4）很多人的一天都是在忙碌中度过的，缺少可支配的固定时间，而早上是自己最自由的个人时间，不会让写日记的习惯中断，不用担心因外在情况而不能坚持的问题。

（5）可以将过去宝贵的经验或回忆，直接运用在当天，而无须担心遗忘问题。

在追寻梦想的路途中，把梦想写进日记，每天审视自己、反省自己、鼓励自己，每天思考离实现梦想还有多远，将梦想印在脑海里，让它实现得更快一些。每个人的人生都需要航海图和罗盘来指引方向，因此我们必须将自己的所得、所感、所思、所悟记录下来，这是我们人生的轨迹。通过记录不断提醒自己，及时调整航向，早日到达梦想的彼岸。

二、创建晨间日记

在写晨间日记的过程中，要注意以下几个原则。

（1）时间不宜过长，五分钟即可。这五分钟是用来回顾和审视自己的时间，写晨间日记时点到即可，无须刻意追求把格子填得满满的。

（2）找一个能让自己安静的地方写。写日记时环境很重要，安静的环境更利于思维的运动。

（3）就算只写一个字也没有关系。晨间日记更重要的是对自己进行反思，贵在坚持，不管写多写少，需要的是坚持下来，通过长期的积累发现自己的优点、反思自己的不足。

如何更轻松地写日记？方法如下。

（1）可以尝试在刚开始写日记的第一周内，忘掉那些不开心的、让我们心烦意乱的事，只专注于那些让我们心情愉悦的事，将它们记录下来，并且尽可能地表扬自己。比如，在公司得到了领导的表扬，又存下了一笔钱，有人送花给我们，等等。这样一来，写日记就变成了一件快乐的事。一周后即使我们在日记里加上一些不开心的事，也不容易因为这些事而使心情过于沮丧。

（2）培养习惯，让写日记变成一个很自然的动作。在前期专门留出时间"逼迫"自己写日记，再累也要坚持，提醒自己写日记并不会耽误自己多少时间。将写日记这个行为变得就像每天刷牙一样，成为一种无须提醒的习惯。建议大家可以记录写日记的天数，如"已经开始写日记

100天了"，这样会使写日记更有仪式感。

（3）奖励自己。例如，许诺自己，完成一个月的日记后就奖励自己吃一顿大餐。

（4）通过"打卡"的方式给自己动力。比如，每天在微博、朋友圈等社交平台上发布自己写晨间日记的信息，记录自己坚持了多少天。此外，还可以在各种社交App、社交论坛参加晨间日记打卡群、打卡小组。

一种广被推荐的晨间日记记录方法是使用九宫格来记录的，而且不需要强迫自己一定要将所有的格子都填满。这样一来，既使每天的记录清晰，不会被遗忘，又简化了步骤，节约了时间。

九宫格可以包括以下信息栏。

时间记录：当天的日期、天气、起床时间，以及当天是否是特殊的日子，如节假日、生日、纪念日等。

成功日记：简要记下前一天让自己感觉幸福或者有成就感的事。

自我反省：反省近期自己做得不好的地方，以及如何改正。

工作计划：当天工作计划中重要的事。

思维管理：能力开发、学习、新想法等。

财务管理：收支、投资、收获等。

精力与健康管理：睡眠、饮食、运动、身体状况等。

人际关系管理：与家人、朋友的交往，社群活动，值得感恩的人等。

兴趣培养：阅读、写作、外语学习、音乐、电影，以及其他各项业余活动。

当然，也可以根据自己的情况对九宫格的内容进行适当调整，最主要的原则是，自己用起来合适，有内容可填。

比如，下面是一份已经填好的九宫格日记。

成功日记	自我反省	工作计划
设计图被客户表扬；读完一本书	在工作时缺乏与同事的沟通，影响了工作的效率；不守时，没有准时到达和朋友约会的地方	按要求修改设计图；和客户开会
思维管理	时间记录	财务管理
有一个新想法	2018.9.20 工作日	支出：交通费12元，午餐15元
精力与健康管理	人际关系管理	兴趣培养
白天吃得过多，晚上有散步	今晚要给妈妈打电话；借书给同事	晚上准备练习书法；看《××》电影

拿出早上的一点时间，现在你也来填填自己的晨间日记吧。

成功日记	自我反省	工作计划
思维管理	时间记录	财务管理
精力与健康管理	人际关系管理	兴趣培养

对于选择什么工具来制作晨间日记，应该根据我们需要达成的目的和实际情况来决定。

一是需要每天都使用固定的模块或格式来写日记，希望日记能够标准化、规范化。在这个要求下，电脑是我们写晨间日记最有效的工具之一，比起纸质的日记，电脑更容易达成这个目标。可以节省在纸上制作表格的时间，写出来的内容也更加规范化。用 Excel 就可以简单制作出我们需要的晨间日记表格。

二是希望体验一种仪式感，享受书写的感觉，那就毫不犹豫地选择手写日记吧，因为当我们坐在桌前，一个字一个字将自己的想法、计划、反思与收获写在纸上时会带给我们一种真实的感觉。我们将收获一份喜悦、一份感动，而这是敲击键盘在电脑上打字所感觉不到的。

三是希望能够多平台使用，最好能够随身携带。受地域限制，有时电脑携带不方便，我们可以使用手机来记录，或是写在手机的备忘录里，或是使用写笔记、日记的 App，现在不少 App 可以实现电脑端和手机端的同步更新。

第四节　为什么精英都是清单控

我们在平时生活中经常会用到清单，通过它来厘清工作计划，以及借助它整理生活。因为我们并不是井井有条、能随时使自己记住所有事情的人。我们会在繁忙的工作中忘掉一些重要的纪念日，或是出门忘记带需要的物品，导致自己出行不便，或是该做的重要的事没有及时完成而忙了一些无关紧要的事。而清单就是我们工作、生活的助手，多数精英都是擅于使用清单的人。

一、清单使你不再害怕成为"工作狂"

我们进行时间管理，是因为我们总觉得时间不够用，我们每天面临着做不完的工作，又希望能够有更多的时间娱乐。可每天的时间是固定的，当我们选择了做一些事情时，就意味着我们无法从事另一些事情。

把事情写下来具有惊人的力量，这也是我们提倡使用清单的原因。2008年，加利福尼亚州多明尼克大学的盖尔·马修斯博士做了一项研究。他招募了267个来自不同国家和地区的不同行业的人，这些人的职业包括律师、会计、非营利组织员工、市场营销人员等。经过调查研究发现，将既定目标写出的人更有可能完成任务，而且完成任务的可能性比没有写出的人高39.5%。

在我们的生活中，有各种各样的清单，例举如下。

梦想清单：用清单来思考如何实现梦想，将梦想写下来，同时也是镌刻在了自己的心里。

工作清单：用清单来优化工作流程，按照步骤操作会使工作更规范化。

管理清单：用清单来管理团队，使管理更具可行性。

情绪清单：用清单来管理情绪，通过记录自己情绪的起伏变化调节自己的心态。

社交清单：用清单来规划人际交往，我们的人际关系也是需要好好规划的。

生活清单：用清单来享受生活，包括购物清单、整理收纳清单、音乐清单等。

在使用清单之前，我们需要知道清单有什么好处，我们为何要选择它。

（1）减轻日常的焦虑。很多人都会有一定程度的"强迫症"，总害怕自己忘记了某件重要的事或是害怕出门有东西忘带了，从而一直处于紧张、焦虑的状态。

（2）减少需要记忆太多的东西带给我们的压力。我们的脑容量是有限的，如果将太多的琐事留在自己的记忆里，那么可能会忘掉那些更重要的事。

（3）让自己对事情的整体有一个清晰的了解，处于制高点去做决定。

（4）增加我们工作中的仪式感。清单上的任务就是我们需要消灭的东西。当我们每划掉一项完成的任务后，我们的成就感就将加深一些，从而增加我们行动的动力。

（5）让生活中许多重要的事能够自动完成。有了清单后，那些例行的事务即使没有我们的主动意识也会被我们完成。

（6）让我们的工作、生活更有条理，让我们做事更周全，成为一个被别人信赖的人。

我们需要培养一种清单思维，并将它运用到工作中去。清单思维就是在平时工作、生活中收集整理需要处理的事情，然后整理成清单，按照清单去行动。在我们身边有各种各样的清单，不论是购物时怕忘记买什么东西事先拟定的购物清单，还是旅游时出门前的整理清单，以及最重要的工作清单。这些清单都是避免我们丢三落四、分不清事情轻重的好帮手。更重要的是，通过使用清单，我们可以训练自己的思维，规范自己的行为。比如，当我们遇到比较复杂的工作时，就可以列一张清单，让复杂的事情流程化，每次都可以根据流程来操作，不用过多地思考。使用工作流程清单，我们的思维会更加清晰，工作会更加有条理。当有了清单在手，我们就不用怕工作被打断了，因为就算遇到急事需要插进来先处理，做完后我们也可以很容易地回到刚才的中断处。

清单思维有以下三个要素。

第一，清单要有关键要素。清单上列举的文字一定要是这个任务的关键部分，比如，我们要制作一张整理清单，关键要素就是整理时的关键步骤。

第二，清单要简洁有效。清单不要长篇累牍，大段的文字会使清单失去意义。在平时列清单时，一定要能省则省，自己能看懂就可以了。

第三，清单并不是一成不变的，我们要在使用中对它加以改变和优化。比如，在我们列好了购物清单后，又想起了新的需要买的物品，当即就要把它添加到清单里，使清单不断完善。

二、如何制作属于你的工作清单

制作工作清单时有一件事需要铭记在心，就是要找到适合自己的清单运行模式，可以先制作清单，再在使用中不断完善它。

工作清单适合在头一天睡前或是第二天开始工作之前制作。正式开始工作之前，我们应该对自己当天的安排有一个大致的计划，明白自己应该在什么时候做什么事，为自己高效的一天奠定基础。

这里有一些关于制作清单的要点可供大家参考。

第一，要在最前面标注好日期。日期既可以提醒我们这是今天的任务，又方便我们归档和以后查找数据。未来的某天想要知道自己在今天做了哪些工作，一看就清楚了。

第二，重要的事都列出来，包括例行的公事。千万别把一些每天都要做但是非常重要的事忽略掉，要将它们写在纸上，使我们的清单更完善和整齐。

第三，按照需要完成的时间和重要程度、紧急程度来确定优先级。

第四，其他注意事项。在使用清单时可以视情况和具体需要增减条目；做任务时有意识地提醒自己正处于清单的何处；在清单上留点统一的时间给杂事。

每日任务清单图解如下。

时间	年　月　日　星期	
任务	任务具体情况	进度
任务一		
任务二		
任务三		
任务四		
任务五		
暂存任务	(1) (2) (3)	
计划完成时间		
实际完成时间		

小吴每日在开始工作前填写的工作清单如下。

时间	2018年 10月 10日	星期三
任务	任务具体情况	进度
任务一	完成数据报表	
任务二	根据报表内容为会议制作PPT	
任务三	向领导汇报近期工作情况	
暂存任务	（1） （2） （3）	
计划完成时间		
实际完成时间		

如何使清单更规范？

1. 检查清单是否有多余事项、表达是否简洁、优先级是否已调整好

首先我们要给冗长的清单减减肥，把那些不重要的事项去掉或是放在清单末尾。一定要明白，清单并不是靠多取胜的，有时候简单清爽一点看起来反而会更清晰。此外还要检查每个事项的表述是否合理,别太多、太复杂,也不要模糊不清。

2. 给清单上的每项任务设定一个期限

对于那些复杂的工作,我们最好提前设定一个合理的截止时间,否则可能永远都做不完。截止日期是拖延症的一大敌人,没有截止日期,我们很可能会一直拖延下去。

3. 完成困难的任务后给自己适当的奖励,并写在清单上

面对清单,一点点小的奖励就可以给我们很大的动力。我们可以把奖励写在清单上,当把所有任务划掉时,就像游戏通关一样可以得到最后的奖励了。

4. 提醒自己清单的存在

我们可能会被其他事情转移注意力或是临时懈怠了,这时就需要自我提醒,可以用手机的闹钟给自己定时提醒,写上"你是否正在完成清单"之类的话。现在市面上的清单类 App 绝大多数都具备提醒功能,方便我们使用。

三、生活社交清单同样重要

清单除了用在工作中,还可以用来规划社交生活,比如,用在和朋友的交往中、出门旅行时,或是其他各种社交场合,都会产生奇妙的效果。

当今社会一直在以快节奏的方式运转,我们每天都忙于一件又一件的大事或者琐事,有时候想约朋友见面都很不容易。但是我们作为社会中的一员,社交活动可以维系我们和朋友的关系,使我们的身心获得愉悦。因此我们提倡用清单维系我们的友谊,增加我们日常的幸福感,缓解工作给我们带来的压力,让我们更有勇气去面对困境和挫折。

很多时候我们好不容易找到时间去见朋友,但是在分离之后才猛然想起"我还有事情忘了说",后悔莫及。其实,我们可以先写好清单再去和朋友见面。

比如,朋友最近快过生日了,那么我们应当在清单里记录下具体的日期以及自己打算送上的祝福和礼物。这样到了生日当天,即使我们工作再忙也不会遗忘。

当我们最近有烦恼时,也可以记录下来,等到和朋友见面时一一说出,相信他们一定非常乐意为我们解答。

完美的旅行少不了清单,清单是旅行途中的好帮手,关键原因如下。

首先,我们很可能会忘记旅行时需要的东西,万一这件东西路上买不到而我们又非常急需那就麻烦了。

其次,清单可以实实在在地帮助我们省钱。当我们好不容易挤出时间到风景怡人的海岛休假时,等到了酒店才发现自己忘了带泳衣,这绝对会影响我们整个旅程的好心情,说不定还会使我们对这趟梦幻之旅的期待值下降。而且,我们还必须在景点附近的商店购买泳衣,景点周围商店的商品通常会比较昂贵,我们不得不为自己的粗心大意而付出经济上的代价。

但当我们运用了清单后就会有巨大的改善。清单既可以用在我们出发前收拾行李上,又可以帮助我们安排行程,让我们游遍那些自己一直盼望去的远方。

具体来说,我们可以按照下列步骤来做。

(1)**拟订行程安排,做大致计划。**不管是旅程的时间地点、每一个环节的内容,还是需要携带的物品、注意的事项,都可以事无巨细地记录下来。旅行清单可以在出发前和旅行时不停完善。

(2)**分类记录。**在制作行李清单时最好将所有需要携带的东西分类记录,比如,衣物首饰类、卫浴、化妆用品类,电子设备类,书籍读物类,其他补充。

旅行需要带大量的物品,分类整理便于唤起我们的记忆,确保我们带好每一件需要的东西。

（3）**查看天气**。天有不测风云，在外边，我们更加要注意防患于未然。天气预报不是完全准确的，但我们可以根据它对携带的物品和行程做一些调整。

（4）**按照清单收拾东西**。对照着清单一件一件往行李箱里放所需物品，如果在收拾时发现有用不上的，可在清单中划去。

（5）**最后补充**。最后补充的物品是一些必须使用到出发前不久的东西，以及出门前才能做的事。

第十章 高效人士都在用的效率管理工具

俗话说:"光说不练假把式。"在学习了时间管理的知识后,一定要将其投入实践中。本章为大家推荐一些性能强大的效率管理软件,帮助大家利用电脑或手机轻松进行自我管理,培养自律意识。

带着以下疑问阅读本章

- ❖ 你在日常工作中会使用效率管理软件吗？
- ❖ 你知道哪些好的效率管理软件？

读完本章，你能收获什么

- 能够了解一些优秀的PC端和移动端的效率管理工具。
- 能够学会这些应用的具体操作方法。

第一节　时间管理工具

一、PC 端：番茄土豆 / doit.im

1. 番茄土豆

【番茄土豆】是一个结合了番茄（番茄工作法）与土豆（To-do List）的在线工具，我们既可以直接在电脑上使用它，也可以在手机上下载安装 App 后使用。在官网上（https://www.pomotodo.com/）可以免费注册并下载电脑端或是移动端软件进行使用，如下图所示。

【番茄土豆】主要基于番茄工作法的原理运作，可以帮助我们保持专注，让我们完成更多工作。它有简单而强大的任务列表，同时提供了【标签】【重要程度】【快速置顶】等功能。高级版还可以获得【子任务】【提醒】【重复】【预计番茄数】【备注】等高级功能。并且可以在每个番茄时间结束后记录下刚刚的工作内容，让工作内容可追踪。

【番茄土豆】电脑端的界面非常简洁清新，很适合商务办公使用。打开后的界面如下图所示。它分为【任务（土豆）】界面和【番茄】界面，【任务】界面主要用于添加任务清单，而【番茄】界面主要用于利用番茄时钟完成任务。

使用电脑端【番茄土豆】的具体操作步骤如下。

第一步：启动【番茄土豆】程序，在【添加新任务】文本框中输入新任务名称，如输入"撰写书评"，单击【Enter】按钮完成输入，如下图所示。

第二步：在添加完所有任务后，单击【任务】界面的【00:00】按钮，如下图所示。

第三步：弹出【提交】对话框提交任务。选择需要完成的任务，单击【提交】按钮开始计时，如下图所示。

一般来说，一个番茄时钟的默认时长是 25 分钟，每个番茄时钟中间间隔 5 分钟休息时间。用户也可根据自身的喜好进行相应的设置，设置方法：单击界面右下角的【设置】按钮，在弹出的下拉列表中选择【偏好设置】选项，打开如下图所示的【偏好设置】对话框，切换到【高级】选项卡，设置相应的参数，然后单击【关闭】按钮即可。

第四步：在这25分钟里专心致志地完成任务就可以了。完成后记得在已完成的任务前面打"√"，如下图所示。

需要注意的是,【记录打断原因】【备注】等功能暂时需要付费升级后才可以使用。

2. Doit.im

【Doit.im】采用了优秀的任务管理理念,也就是 GTD 理念,可以帮助我们有条不紊地组织规划各项任务,让我们轻松应对各项庞大繁杂的工作。

> **温馨小提示**
>
> 什么是 GTD 理念?
>
> 人的记忆和集中注意力的时间是有限的,很少有人能够同一时间做多件事。而且如果没有对时间进行正确的安排,那么即使在同一时间只关注一件事也可能造成任务混乱,最后每一件事都没有做好。鉴于此,GTD 理念和 GTD 工作法就诞生了。
>
> GTD 是英语"Getting Things Done"的缩写,是时间和效率管理专家戴维·艾伦提出的一套经典时间管理模式。GTD 通过帮助我们更好地跟踪和管理自己的时间、需要做的和想做的事,来帮助我们调理思绪、提高效率、集中精神完成最重要的任务。
>
> GTD 的五个核心原则是收集、整理、组织、回顾、执行。它要求我们将心中所想的所有事情都写下来,清空大脑,并且安排好下一步的计划,然后一步步按照设定的路线去努力执行。

使用【Doit.im】的具体操作步骤如下。

第一步: 可在网站(http://doitim.com/cn/)上下载安装软件并注册成用户。启动【Doit.im】程序,在打开的登录页面中输入用户名和密码,并选中【中国】单选按钮。单击【登录】按钮登录软件,如下图所示。

第二步：在打开的页面中根据实际工作情况设置各项参数，设置完成后单击【好了，开始吧！】按钮，如下图所示。

第三步：进入【Doit.im】主界面，单击页面下方的【添加新任务】按钮，即可进入新建任务界面，如下图所示。

第四步： 在【标题】文本框中输入任务名称，在【描述】文本框中输入任务的相应说明内容，可取消选中【全天】复选框，单击左侧的 ⓘ 按钮，在弹出的下拉列表中选择【今日待办】选项，在右侧选择日期并设置时间，如下图所示。

第五步： 单击【截止时间】按钮，在弹出的日期选择器中设置工作截止时间。此外还可以对任务进行【项目】【标签】以及【情景】定义，如这里将【情景】设置为【家里】，设置完成后单击【保存】按钮，本次任务就设置成功了，如下图所示。

二、移动端：Forest/番茄 ToDo/潮汐

1. Forest

"Forest"的中文意思为森林，这款手机 App 基于番茄工作法的原理，将"植树"与"专注"相结合，在我们使用番茄工作法专注的同时，可以为我们手机里的虚拟森林植树。使用【Forest】时，每完成一个番茄时钟即可种植一棵小树，一旦我们使用手机造成中断，种植的树苗就会枯死。

【Forest】重在控制沉迷于玩手机而造成时间浪费的情况，它和其他很多基于番茄工作法的 App 的不同之处在于，没有提供清单功能，而是在完成番茄任务后可以对"这棵树苗"进行标签定义和备注。当你的森林变得茂密时，相信你能收获巨大的成就感。

需要注意的是，这款 App 目前在安卓端可免费下载使用，iOS 端用户则须付费购买 App 后才可下载使用。以 iOS 为例，【Forest】打开后的基本页面如下图所示。

使用【Forest】的具体操作步骤如下。

第一步：打开App进入【Forest】界面后，点击【开始】按钮会开始倒计时，这时我们需要做的就是把手机放在一旁，开始进入专注模式，专心致志地完成任务。

一般将一棵树苗（也就是一次专注工作的时间）设置为 25 分钟，但也可以根据实际情况进行调整。在界面中间的圆形上可以手动设置适合自己的时间，如下图所示。

如果在进行番茄时钟任务的时候，退出了【Forest】界面或是切换到了其他应用，即视为这个番茄时间被打断，正在种植的树苗将会枯死。枯死的树苗也会出现在当天的森林里。

第二步：在开始任务前或是完成任务后，我们都能对任务进行分类，可以选择已有的分类或是自定义分类，比如，这里我们为完成的一次25分钟任务设置标签为"工作"。还可以备注具体的任务内容和心得体会，方便之后进行总结、反馈，如下图所示。

第三步：完成任务后，可以对任务完成情况进行查看。每当完成一个番茄时间，就能看到一棵树种植成功，每天结束所有任务后，看到自己种植了一片森林，心里的成就感会油然而生。而当任务被打断时，一棵正在成长的树苗就会死掉，从而给我们的心理造成一定压力，以此来减少我们因为频繁使用手机而中断任务的情况。

此外，【Forest】还可基于日、周、月、年进行任务和时间分析，帮助我们真正了解自己的时间使用情况。同时，我们也可以配合清单类App使用【Forest】。

2. 番茄 ToDo

【番茄 ToDo】也是基于番茄工作法的理念而诞生的一款手机 App，每一个我们添加的待办事项都可以作为一个番茄时钟来使用，单击待办卡片上的【开始】按钮即可开始一个番茄时钟。此外，它可以自己设定一个番茄时钟的时长和休息时长，甚至可以不指定时间，选择正向计时进行时间记录。【番茄 ToDo】吸收了一万小时理论和习惯养成理论，将番茄工作法与"计划"或者"习惯"相结合，便于我们通过番茄工作法获得长时间的积累，从而在某个领域获得成功。

> **温馨小提示**
>
> 一万小时理论是指，一万小时的锤炼是任何人从平凡变成世界级大师的必要条件，即要成为某个领域的专家，就需要付出一万小时的努力。需要注意的是，这一万小时不是单单指时间上的积累，而是指这一万小时都在挑战自我的极限，每天都能有一定的提高。

【番茄ToDo】还有以下一些功能。

开启【学霸模式】后，打开其他App时会向我们发出提醒，并且可以设置为禁止暂停、提前完成和放弃任务。开启【强制提醒】功能后，【番茄ToDo】会一直不间断地提醒我们完成自己所计划的待办任务。这两种功能都意在帮助我们避免陷入手机时间黑洞。【番茄ToDo】还配有超高清的立体声白噪音资源，我们可以在舒缓优美的音乐中完成任务。在iOS端或安卓端都可以免费下载。以iOS端为例，【番茄ToDo】的初始界面如下图所示。

使用【番茄ToDo】的具体操作步骤如下。

第一步：进入【番茄ToDo】，点击右上角的【+】按钮即可添加待办任务，并选择自己想要的计时方式、时长等。比如，我们添加任务"修改采访稿"，并选择默认设置的【倒计时】和【25分钟】，如左下图所示。除了使用番茄时钟来完成任务外，还可以切换到【养习惯】来帮助我们长期坚持某种习惯，如果想设定一个长期计划，则可切换到【定目标】，确定截止日期和总计的分钟数，如右下图所示。

第二步： 添加好待办任务后，点击任务右边的【开始】按钮，即可进入番茄时间，如下图所示。下方的几个按键分别为【屏幕常亮】【暂停】【白噪音】【停止任务】。如果中途被其他事项打断，则选择结束该番茄时间，并填写原因。

一般每完成一个番茄时钟，可以有 5 分钟的休息时间，每 4 个番茄时钟之后可以有一个长休息时间。在这期间，可以体验一下【番茄 ToDo】的"小憩"功能，通过音乐、调整呼吸等帮助自己放松一下。

点击主界面左上方标志进入【数据统计】，可查看自己的每日、每月、年度数据以及时间分布、最佳的工作时段、打断原因分析等，帮助我们更好地安排时间。【番茄 ToDo】还具备云同步功能，支持用户多设备同步数据。

3. 潮汐

【潮汐】是一款利用白噪音来使我们达到专注的 App。它的设计风格简约大气，内置了几种不同的白噪音背景音乐，有助于我们白天专注、夜晚助眠，是现代人的一剂良药。在 iOS 端或者安卓端都可以免费下载。

白噪音并不是噪音，而是一种实用的工具，它是诸如雨声、水声、鸟叫声等不会让人特别关注的环境音，处于这样的环境中，人会感觉静谧和放松，因此会更加专注于工作。此外，白噪音还有其他作用，如助眠、深呼吸减压等。

潮汐 App 里提供了【海洋】【雨天】【冥想】【咖啡】【图书馆】等多种场景供免费使用，此外还有一些付款场景供我们选择。每种场景都有独特的白噪音，当点击【开始专注】按钮后，对应的白噪音就会启动，并且贯穿整个专注时间。

【潮汐】的主界面会随着一天中时间的变化而发生相应的改变，以 iOS 端为例，中午的界面如下图所示。

使用【潮汐】的【专注】模式的具体操作步骤如下。

第一步：选择白噪音。进入【专注】模式的界面，会显示正在使用的白噪音，如果不喜欢，可以进行更换。只需滑动界面便可更换白噪音。更多的白噪音可以单击界面下方的圆点下载，如下图所示。

第二步：确定好需要的白噪音后，在【专注】模式下点击【开始专注】按钮，即可开始25分钟番茄时间的倒计时，伴随着白噪音完成任务，如下图所示。如果是非沉浸模式，专注中途可设置为【沉浸模式】。在【沉浸模式】计时期间，如果退出【潮汐】App，则视为被打断，当前的专注时间作废，不会留下记录。【沉浸模式】对我们的专注度要求更高。

此外，在【专注】界面中，用户可以根据自己的喜好对【潮汐】App进行设置，包括【计时时长】的设置，是否开启【高效模式】，是否开启【沉浸模式】，是否开启【翻转关注】等，如下图所示。

除了【专注】功能,【潮汐】还向我们提供了【睡眠】和【呼吸】两大功能,如下图所示。【睡眠】模式下的白噪音能够帮助我们入睡,并且可以选择是需要深度睡眠还是小憩即可。【呼吸】模式则可以帮助我们调整深呼吸的频率。

第二节　日常习惯与事务处理工具

一、PC 端：便笺附件 / 日历 / 印象笔记 / 滴答清单

1. 便笺附件

【便笺】是 Windows 系统自带的一个附件程序，操作十分简单且方便快捷。用户可直接启用它来记录日常的待办事项或是重要事务。实际上，这款程序就是将纸质的便利贴电子化了。

在 Windows 10 中，【便笺】的使用方法如下。

第一步：单击【开始】菜单，选择【Windows 附件】。

第二步：进入【附件】后，选择【便笺】选项。返回电脑桌面，就可以看到桌面上的小便签窗口，即我们已经打开了【便笺】程序。

第三步：用户可在便笺中输入相应的事项。单击便笺上的【+】按钮可以增加一个便笺，单击【×】按钮可以删除便笺。

有些用 Windows 10 的用户可能在附件里找不到【便笺】，这时候按【Win+W】组合键，便可直接调出【便笺】程序。

2. 日历

Windows 系统自带的日历也能帮助我们轻松管理日常事务。如果我们不想安装太多的软件，只需要使用简单的任务记录功能，那么不妨直

接使用日历来管理任务。

这里以 Windows 10 内置的日历为例进行讲解，具体操作步骤如下。

第一步：单击电脑桌面右下角显示的日期和时间，弹出本月日历，如下图所示。

第二步：日历下方显示了今天的日期和日程安排。单击今天的日期右方的【+】按钮即可添加任务。

第三步：打开【无标题—事件—日历】窗口，输入需要的信息，然后单击【保存并关闭】按钮即可，如下图所示。

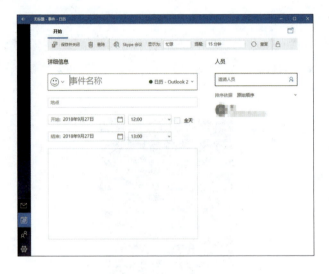

3. 印象笔记

无论是点滴灵感、待办清单或是会议记录、项目资料，都可以通过【印象笔记】随时记录，永久保存内容。使用【印象笔记】保存的笔记会自动同步到其他设备的这款软件里，再也不用回想某个东西究竟存在哪台设备上，因为它就在【印象笔记】里。【印象笔记】能快速查找所需，一个简单的搜索框就能轻松找到我们放进【印象笔记】的一切。无论是笔记、图片甚至是附件内的文字，【印象笔记】都能迅速帮我们搜索到所有记忆。高效协作共享，无须跳出应用，即可基于笔记展开讨论，共享工作笔记本，合作完成团队目标。

【印象笔记】的主要功能如下。

记录功能（笔记功能）：包括文字记录、图片记录、音频记录、视频记录以及联系人记录。【印象笔记】可以帮助我们记录下自己想记录的一切，灵感来临时也能很快抓住。特别是手机、平板电脑、电脑各客户端可以同步，方便随时随地取用。

清单功能：当我们想制作一个待办清单时，可以借用【印象笔记】

的复选框功能构建待办清单，之后直接使用就可以了。

收藏功能：遇到有用的信息，使用【印象笔记】可以及时保存下来。

缓冲处理器功能：当我们把信息看完后，在进行二次筛选和处理的时候，可以进行统一整理，以便纳入自己的知识体系中。

知识管理功能：在个人的学习提升方面，读书、写作、学习，【印象笔记】都是不可或缺的高效工具。

储存功能：可以将自己现有的物品进行编号处理，然后再放置到【印象笔记】中，这样就可以有效地对它们进行管理了。

使用【印象笔记】的具体操作步骤如下。

第一步：打开【印象笔记】，免费注册后输入信息即可登录，如下图所示。

第二步：进入主界面后，单击【新建笔记】按钮即可直接在弹出的窗口中编写一个新的笔记，如下图所示。此外，在初次使用时，主界面会有【印象笔记】各项功能的介绍，建议新手花点时间读一读。

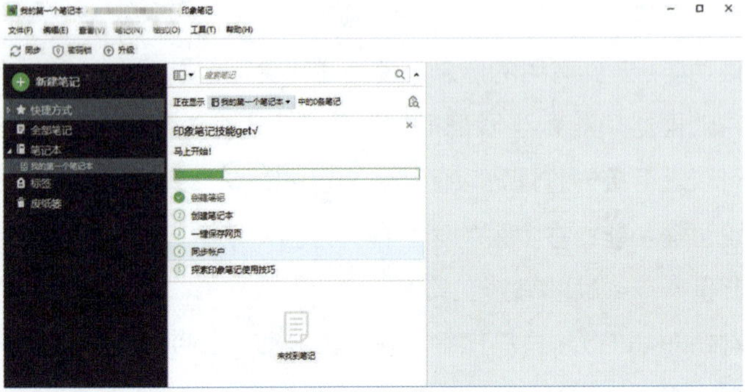

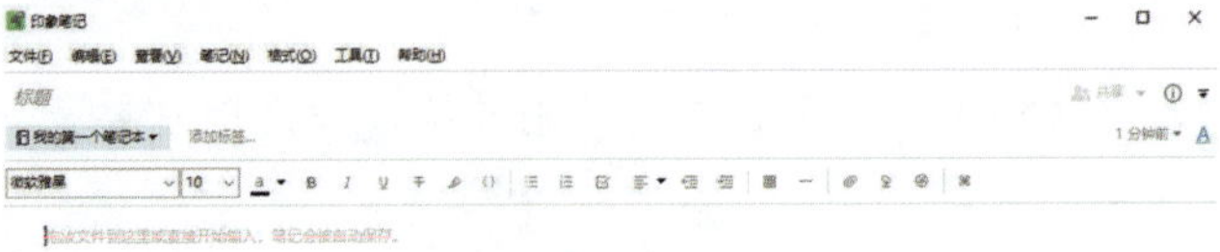

4. 滴答清单

【滴答清单】是一款小巧简单的日程管理、待办事项软件，既有PC端也有移动端，可以下载后同步使用。可以使用它来制订工作计划、设置日程安排、记录备忘事项等，使用时可以自动添加任务和日期，设置消息提醒，让待办事项一目了然，不会忘记重要的事情。

【滴答清单】有以下一些特色功能：除了电脑端，还可以在手机、平板、网页等多个设备同步使用，只需单击界面上的【同步】按钮即可轻松实现同步。支持文本创建、语音输入等多种方式添加任务，添加任务时可自动快速识别添加任务时的日期和时间信息。提供了直观的日历视图，可在日历中查看日程计划，并且支持订阅第三方日历。使用共享功能可共享项目计划，多人协同高效完成任务。

使用【滴答清单】的具体操作步骤如下。

第一步： 注册并登录【滴答清单】，如下图所示。

第二步： 进入界面后，单击【添加清单】按钮即可在主界面添加一张新的清单。这里我们添加一张"工作任务"清单，并选取合适的颜色。单击【保存】按钮即可完成清单的添加，如下图所示。

第三步： 设置好清单后，单击主界面左边功能区中【清单】下的【工作任务】按钮，在工作任务清单里可直接输入待办任务。这里我们输入"完成九月工作总结"并按【Enter】键，如下图所示。

第四步： 工作任务已经添加进了清单里，在界面的右边区域可以对这项任务的具体情况进行备注和说明，如下图所示。

第五步： 添加完成后，可以单击任务右边的【编辑任务】按钮对完成任务的日期、优先级、标签等进行设置，如下图所示。

第六步： 完成任务后，单击任务前面的复选框为任务打上"√"，任务将显示到【已完成】列表中，表示该任务已经完成，如下图所示。

二、移动端：种子习惯 / 奇妙清单 / Pendo 笔记 / 倒数日

1. 种子习惯

大多数人在习惯养成的过程中，由于惰性，经常会出现坚持不下去的情况，"三天打鱼，两天晒网"很常见。【种子习惯】是一款帮助人们

改善生活方式的应用，产品通过提供闹钟提醒及数据记录、追踪等工具帮助用户培养良好的生活习惯，同时结合社群小组打卡等方式，使用户获得持续坚持的动力。

打开 App 进入【习惯】界面，能看到该界面以列表形式直观地展示了用户添加的习惯，让用户在第一时间就能看到已添加的所有习惯。

每日完成习惯后点击该习惯签到，签到完成后，习惯的右侧会出现绿色的小对钩，提示用户已经完成，如下图所示。在【习惯】界面就能确定该习惯当日是否完成，并且每个习惯下面都有已经坚持的天数，作为对用户的提醒，天数的显示采用灰色字体，不影响整体页面。

签到实际代表了承诺的完成，通过增加成就感促进我们坚持习惯。同时，签到还跟小树苗的生长息息相关，习惯养成的进程就是我们的种子生长为小树苗的过程。签到完成后，还会弹出记录内容的页面。记录的内容不仅是个人的记录总结，同时也是社区内容的生产源。

在签到页面下方有习惯社区其他成员发布的动态。他人的成功也是对我们坚持习惯的督促和激励。

使用【种子习惯】的具体操作步骤如下。

第一步：打开【种子习惯】后，单击【习惯】界面右上角的【+】按钮可以添加想要养成的习惯，如下图所示。

第二步：【种子习惯】会提供多种习惯供选择，我们可以在分类中查找，也可以手动输入后创建新习惯。如果在分类中查找，找到后点击该习惯即可完成添加，如下图所示。

第三步：这里我们选择添加"学英语"这一习惯，点击【加入】按钮。在【习惯设置】界面设置是否设置提醒功能、是否设置隐私习惯，完成后点击界面右上角的【完成】按钮，如下图所示。添加完成后，"学英语"将出现在【习惯】界面。

此外,【种子习惯】还为用户提供了【种子契约】的功能,如下图所示,通过金钱契约的方式加强对我们习惯养成的强制性。加入契约后一旦没有坚持,就会受到金钱损失的"惩罚"。对于该功能,一定要根据自己的实际情况谨慎选择。

在【发现】界面我们能看到其他用户的动态,并且能进行实时互动。

2. 奇妙清单

【奇妙清单】也是一款清单类 App,通过它可以组织并共享我们的待办事项、工作、购物、电影和家用物品等各种清单,并为各种待办事项设置完成日期和提醒,避免我们错过截止日期。此外,我们还可以与同事、朋友和家人共享清单,合作完成项目。在 iOS 端或安卓端都可以免费下载。

【奇妙清单】的官网上展示了它目前所具有的一些功能,如下图所示。

以 iOS 端为例，使用【奇妙清单】的具体操作步骤如下。

第一步：在手机上下载【奇妙清单】App并注册后，我们就能拥有自己的奇妙清单了。第一次打开App时，【奇妙清单】会给我们推荐一些常用的清单名称，根据自己的喜好简单选择即可，如下图所示。进入清单界面之后，如果刚才【奇妙清单】的清单推荐无法满足我们的需求，可以通过【创建清单】功能来创建自己需要的清单。

第二步：点击主界面的【创建清单】，进入【新清单】界面，输入清单的名称并设置好其他相关内容，点击【创建】按钮就自定义添加了一张新的清单。这里我们添加"书单"清单到主界面，如下图所示。

第三步： 接下来需要在清单里添加任务。点击需要添加任务的清单，进入该清单页面后点击【添加任务】方框后输入待办任务，这里我们输入任务"给客户送资料"，输入完成后点击【添加】按钮。在添加任务时，如果处于主界面，并且直接点击了主界面下方的【+】按钮，那么在接下来的界面里我们需要选择把这个任务具体存在哪个清单里面，如果不选，系统默认会把该任务存在上次我们选择的清单里。点击【收件箱】按钮可选择保存到哪个清单里，如下图所示。

第四步：完成任务添加后，我们可以将该清单共享给已添加进【奇妙清单】里的联系人。点击【共享】按钮进入【共享】界面，然后选择或输入想要共享的对象，即可将该清单分享给指定的联系人，如下图所示。

3. Pendo 笔记

【Pendo 笔记】是 iOS 系统下（安卓版正在开发）一款集写日记、记笔记、列待办、计划日程以及社交分享为一体的手机 App，支持自然语言输入，拥有快速命令和时间轴显示，还可以直接将内容分享到社交账号上。这款手机 App 目前是完全免费供用户使用的。

【Pendo 笔记】为用户提供了一些有趣的用法，比如，输入一堆文字以后，再输入"复制"两个字，就可以把当前的内容都复制到剪贴板里，非常方便。

在主界面的下方可以看到【日记】【笔记】【待办】【日程】四个选项，需要哪一种功能，点击后就可以使用该功能了，如下图所示。

第十章 高效人士都在用的效率管理工具

比如,添加一个日程安排,其操作如下:点击主界面右下方的【+】按钮,进入添加日程的页面,在页面内输入"下午两点开会",【Pendo 笔记】便可以记录下该日程安排,并自动同步日程到系统内置的日历设置提醒,如左下图所示。用户还可以直接通过麦克风语音输入,方便快捷。输入完成后点击下方的最后一个按钮可以选择添加到哪一种安排模式中。【Pendo 笔记】还能自动识别开始时间,确认后点击【是】按钮即可完成添加,如右下图所示。

在【Pendo 笔记】中，需要添加待办事项时，或是在【待办】界面直接添加任务，或是从主界面进入添加的页面后直接输入待办事项然后换行，就能自动生成待办清单，如下图所示。

直接输入内容后点击下方的最后一个按钮，然后选择【微信】【微博】等，可以将内容分享到关联的社交账号上。这里选择【微信】将内容分享给微信好友或分享至微信朋友圈，如下图所示。

在添加完所有的内容后,我们可以看到各种不同的事项都汇聚到了主界面。【Pendo 笔记】就通过"一张纸"简单又明了地显示了一天的全部安排和记录,这也是【Pendo 笔记】的最大特色。

4. 倒数日

【倒数日】是一个帮助我们记录生活中重要日子的小工具。在 iOS 端或安卓端都可以免费下载使用。你知道自己从出生到现在已经多少天了吗?你知道距离家人、朋友、恋人的生日还有多久吗?你知道距离重要项目结束还有多久吗?生活中有很多重要的日子需要我们去记住,麻烦又占用精力,有了【倒数日】我们就不用刻意去记这些日子了。【倒数日】可以记录我们过去或者未来的某些重要日子,同时可以提醒我们这些重要的日子即将来临,让我们不再忘记重要的日子和紧急的事情。

以 iOS 端为例,【倒数日】具体包括以下功能。

记录功能:为我们记录过去或者未来的重要日子,并且设置重复和提醒。在主界面可以一眼看到各个事项的倒数时间,如左下图所示。

历史上的今天:告诉我们历史上的今天都发生了什么事,帮助我们回到历史的长廊,如右下图所示。

日期计算器:当我们需要计算两个日期间的时间跨度时,大月、小月的存在会让计算变得很困难,有了日期计算器,这一切就变得简单了。输入需要的数据,即可获知两个日期之间相隔的天数,也可以通过相隔的天数反推出之前或之后的具体某天,如下图所示。

想要添加倒计时事项时,点击主界面右上角的【＋】按钮,进入【添加新日子】界面,输入名称和时间,设置分类及是否置顶、是否重复、是否需要提醒,完成后点击【保存】按钮即可将该事项添加到首页。

第三节　思维管理与学习力工具

一、PC 端：XMind/ 幕布

1. XMind

【XMind】是一款风靡全球的思维导图和头脑风暴软件,现已在多国被广泛使用,用户将其作为学习、工作、生活的效率工具。【XMind】目前有普通的免费版本,也有付费后才能使用的进阶的专业版本。我们可以用【XMind】制作待办清单、商业计划、会议记录、策略分析、各种报告、

知识架构体系、读书笔记、旅游计划等。

> 🕐 **温馨小提示**
>
> XMind思维导图是一种可视化图形思维工具,一方面能帮助我们从多方面、多角度地思考问题,引导我们发散思维;另一方面能帮助我们厘清复杂的逻辑关系,其倡导的网状的分散性思维和纵深性的逻辑思维有助于我们形成相对完整的结构性思维。因此,它在各领域都被积极推崇。

进入免费版本的【XMind】后,呈现在我们眼前的主界面如下图所示。

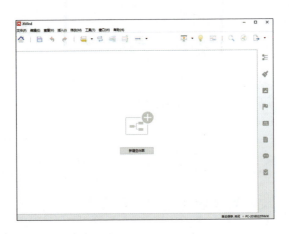

新建一个思维导图的操作步骤如下。

第一步:单击【新建空白图】按钮即可开始新建思维导图,可以自主创建,也可以应用软件自带的模板。单击界面右侧的【Aa】按钮可选择不同风格的模板,如下图所示。

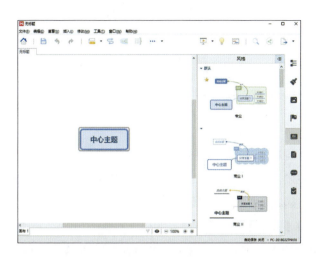

第二步：通过提示创建思维导图。根据逻辑关系，一般分为主题、子主题、自由主题、联系、外框、概要等项目。

主题：分为中心主题和分支主题。中心主题只有一个，分支主题是中心主题的下一级。

子主题：一个主题的下一级主题。

自由主题：中心主题外的主题，可以有很多个。

联系：任意两个主题之间表示关系的连接线，可以在线上添加文字描述，描述两个主题之间的关系。

外框：围绕主题的封闭区域，可以强调内容或概念。

概要：某些内容的概括说明。

【XMind】在页面上方设置了【主题】【联系】【外框】【概要】及【插入】按钮，如下图所示。

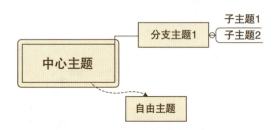

创建思维导图时的一些基本操作如下。

更改主题文字：选中该主题，双击或者按空格键，即可进行更改。

建立主题：选中上一级主题，单击【主题】菜单中的【主题（之后）】按钮或者按【Enter】键可添加下一级分支主题。选中一个主题，单击【主题】菜单中的【主题（之前）】或者按【Shift+Enter】组合键可创建一个同层级的新主题。

添加联系：选中两个要进行关联的主题，单击【联系】按钮即可，并且可对联系进行文字说明。

添加外框：选中要框住的部分，单击【外框】按钮。

添加概要：选中需要添加概要的部分，单击【概要】按钮。

添加信息：选中要添加信息的主题，单击【插入】按钮，可插入【标签】【备注】【超链接】【批注】等信息。

除了基本操作外，还有以下几个美化页面的操作可以选择。

改变主题格式：选中该主题，单击【格式】按钮，可在菜单栏中修改主题的形状、颜色、边框、文本、大小和分支的线形等。

更改联系的线形：选中该联系，单击【格式】按钮，可在菜单栏中修改联系的线形、颜色等。

【格式】按钮位于界面右侧的一列中。

下图所示为一张"田园"风格思维导图。

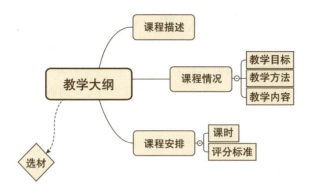

初次使用思维导图需要注意：第一，文字要精简，尽量使用关键词，不要过度追求完整性；第二，逻辑结构要尽量清晰，否则思维导图就失去了它的价值。

2. 幕布

【幕布】是一款集笔记和思维导图为一体的软件，它既可以用来记录极简的大纲笔记，又可以一键生成思维导图。在【幕布】中，大纲笔记与思维导图可以一键转换，再也不需要我们为思维导图的编辑而头疼了，它帮我们将宝贵的精力节省下来，让我们专注于内容创作。【幕布】支持多平台使用，有各种客户端，并且通过链接，还可以将文档分享给任何人。付费升级成高级版本后可解锁更多功能。

初次打开【幕布】后的主界面如下图所示，它的设计非常简约。

使用【幕布】的具体操作步骤如下。

第一步：单击【新建】按钮，打开一个新的编辑页面，在其中输入大纲内容。这里我们列好了一个大纲"学习Photoshop"。具体的操作方法在第一次使用时自动弹出的【使用教程】中有详细解读，如下图所示，这里就不过多赘述了。

第二步：列好提纲后单击页面上方的【查看思维导图】按钮，就可一键将大纲转换为思维导图了。

第三步：单击大纲右上方的【…】按钮会弹出更多的选项。解锁高级功能后，选择【界面设置】选项可对页面进行美化设置，如左下图所示。选择【导出/下载】选项和【打印】选项，可导出大纲及打印大纲，导出的大纲可设置为各种文件类型，如右下图所示。

二、移动端：喜马拉雅/网易云课堂

1. 喜马拉雅

【喜马拉雅】是一款贴心的"手机随身听"，拥有中国最大的声音库，包括有声小说、相声、评书、新闻、音乐、英语、儿歌、儿童故事、广播剧、脱口秀、培训、财经、播客等各种电台频道，还具有收听有声电子书等功能，如左下图所示。比如，用户可以点击首页的【英语学习】进入【英语】频道使用学习英语的功能，如右下图所示。此外，还可以把需要的内容录下来自己收听。

【喜马拉雅】为用户提供了大量免费以及付费的学习资源，下载这些资源后用户可以利用碎片时间随时随地地学习。

点击主界面右上角的【分类】按钮，用户可进入【分类】界面选择自己想使用的功能类型，还能对常用分类进行编辑，以便更快速地找到自己想用的功能，如下图所示。

第十章
高效人士都在用的效率管理工具

如果想利用上下班乘坐公交车、地铁或是无聊的等待时间来学习，那么不妨动用你的耳朵来听听【喜马拉雅】。

2. 网易云课堂

【网易云课堂】是网易公司打造的在线实用技能学习平台，主要为学习者提供海量、优质的课程，创新的个性化学习体验，自由开放的交流互动环境。用户可以根据自身的学习程度，自主安排学习进度。

用户可以在该平台上选择自己想学习的内容进行观看。课程同样有免费课程和付费课程。在主界面的【分类】里可以查看它所包含的所有课程，如下图所示。

找到要学习的课程后，点击【加入学习】按钮即可开始观看课程。点击【想学】按钮则可以收藏课程，如下图所示。

回顾测试：
做一个高效人士需要的必备技能

一、选择题

1. 下面不属于电子邮件应该具备的特点的是（　　）。

    A. 简洁易懂

    B. 直接

    C. 加入铺垫

    D. 符合逻辑

2. 以下属于桌面整理中对桌面的分区的是（　　）。

    A. 重要区

    B. 临时区

    C. 资料区

    D. 以上都是

3. 下面哪个 App 不属于时间管理类 App？（　　）

    A. Forest

    B. 喜马拉雅

    C. 潮汐

    D. 番茄 ToDo

二、简答题

1. 九宫格晨间日记一般包括哪些方面的内容？

2.【印象笔记】的主要功能有哪些？

参考文献

[1] 帕特里克·福赛思.高效能时间管理术[M].陈小琴,译.4版.北京:中信出版社,2017.

[2] 史蒂夫·诺特伯格.番茄工作法图解:简单易行的时间管理方法[M].大胖,译.北京:人民邮电出版社,2011.

[3] 史蒂夫·诺特伯格.单核工作法图解:事多到事少,拖延变高效[M].大胖,译.北京:人民邮电出版社,2017年.

[4] 张萌.加速:从拖延到高效,过三倍速度人生[M].北京:北京联合出版有限公司,2018.

[5] 于尔根·沃尔夫.专注力:化繁为简的惊人力量[M].朱曼,译.北京:机械工业出版社,2013.

[6] 采铜.精进:如何成为一个很厉害的人[M].江苏:江苏凤凰文艺出版社,2016.

时间管理实操手册
使用建议

1. 《你一定要学会的时间管理术》实践篇中主要介绍了三种时间管理方法:六点优先、番茄工作法和华瑞工作法。在实际应用过程中,可以灵活使用。

2. 时间管理实操手账是帮助你在实际工作和生活中更好地管理时间的工具。

3. 建议你在阅读《你一定要学会的时间管理术》后,结合实际情况,选择适合自己的时间管理方法,利用手账具体实践以方法,并将过程记录下来。不断调整、提高。

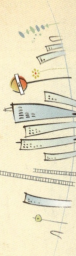

抛弃时间的人,时间也抛弃他。

日程表 - 时间管理实操

今日待办事项
- ○
- ○
- ○
- ○
- ○
- ○

时间	任务	分类

好习惯打卡

- ☐ 早起
- ☐ 计划清单
- ☐ 晨间日记
- ☐ 阅读
- ☐ 健康饮食
- ☐ 要事优先
- ☐ 专注工作
- ☐ 锻炼身体

今日小结

时间是世界上一切财富的本源，时间修至规者得之，徐利逸者失之。

年　月　日

年 月 日

日程表 — 时间管理实操

今日待办事项			
时间	任务		分类

○
○
○
○
○
○

好习惯打卡

- ☐ 早起
- ☐ 计划清单
- ☐ 晨间日记
- ☐ 阅读
- ☐ 健康饮食
- ☐ 要事优先
- ☐ 专注工作
- ☐ 锻炼身体

今日小结

懂得等待的人，可以使退色的生命复苏。

日程表 - 时间管理实操

年　月　日

今日待办事项	时间	任务	分类
○			
○			
○			
○			
○			
○			

好习惯打卡

- ☐ 早起
- ☐ 计划清单
- ☐ 晨间日记
- ☐ 阅读
- ☐ 健康饮食
- ☐ 要事优先
- ☐ 专注工作
- ☐ 锻炼身体

今日小结

时间是无声的脚步，不会由于我们有很多事情要处理而稍停片刻。

日程表 - 时间管理宝操

年 月 日

今日待办事项

- ○
- ○
- ○
- ○
- ○
- ○

时间	任务	分类

好习惯打卡

- ☐ 早起
- ☐ 计划清单
- ☐ 晨间日记
- ☐ 阅读
- ☐ 健康饮食
- ☐ 要事优先
- ☐ 专注工作
- ☐ 锻炼身体

今日小结

时间最不偏私，给任何人都是二十四小时；时间也是偏私，给任何人都不是二十四小时。

年　月　日

日程表 - 时间管理实操

今日待办事项

时间	任务	分类

○　　○　　○　　○　　○　　○

好习惯打卡

- □ 早起
- □ 计划清单
- □ 晨间日记
- □ 阅读
- □ 健康饮食
- □ 要事优先
- □ 专注工作
- □ 锻炼身体

今日小结

时间是有限的，我们至该办法把我们所有的时间用来做最有意义的事情。

年　月　日

番茄工作法 - 实践指南

工作任务					
工作1:					
工作2:					
工作3:					
工作4:					
工作5:					
工作6:					
总计:					

备注："O"表示番茄时钟数量，"/"表示中断次数，"√"表示完成工作。

完成情况		
番茄时钟个数	中断次数	是否完成

没有方法能使剩下的夜晚已过去了90种多。

今日小结：

番茄工作法 — 实践指南

年 月 日

工作任务

工作1:
工作2:
工作3:
工作4:
工作5:
工作6:
总计:

备注："O"表示番茄时钟数量，"/"表示中断次数。
"√"表示完成工作。

完成情况

番茄时钟个数	中断次数	完成情况	是否完成

今日小结：

人若爱花一定对生活充满热度，便是附身弯金末买一物。

年　月　日

番茄工作法 - 实践指南

工作任务
工作1:
工作2:
工作3:
工作4:
工作5:
工作6:
总计:

完成情况		
番茄时钟个数	中断次数	是否完成

备注："O" 表示番茄时钟数量，"/" 表示中断次数，
"√" 表示完成工作。

今日小结：

与某起任何事情也精力未甚许多分外，不如花同样的时间却精力来看一口蛋糕。

___年 ___月 ___日

番茄工作法 - 实践指南

工作任务
工作 1:
工作 2:
工作 3:
工作 4:
工作 5:
工作 6:
总计:

备注:"O"表示番茄时钟数量,"/"表示中断次数,"✓"表示完成工作。

完成情况		
番茄时钟个数	中断次数	是否完成

今日小结:

免费工作的方法是每隔3-5分钟。

年　月　日

番茄工作法 — 实践指南

工作任务

工作 1：
工作 2：
工作 3：
工作 4：
工作 5：
工作 6：
总计：

备注："O" 表示番茄时钟数量，"/" 表示中断次数，
"√" 表示完成工作。

今日小结：

番茄时钟个数	完成情况	
	中断次数	是否完成

过于求速是做事的最大危险之一。

单核工作法 - 实践指南

年　月　日

快捷清单（找出你今日最重要的五项任务）

1. _____
2. _____
3. _____
4. _____
5. _____

☐ ☐ ☐ ☐ ☐

单核时段 1
当前任务：
开始时间：　　　结束时间：
任务完成情况：

单核时段 2
当前任务：
开始时间：　　　结束时间：
任务完成情况：

单核时段 3
当前任务：
开始时间：　　　结束时间：
任务完成情况：

单核时段 4
当前任务：
开始时间：　　　结束时间：
任务完成情况：

单核时段 5
当前任务：
开始时间：　　　结束时间：
任务完成情况：

人的全部本领无非是耐心和时间的混合物。

单核工作法 - 实践指南

年　月　日

快捷清单（找出您今日最重要的五项任务）

1. _____
2. _____
3. _____
4. _____
5. _____

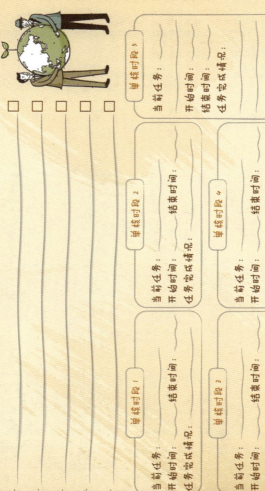

单核时段 1
当前任务：_____
开始时间：_____ 结束时间：_____
任务完成情况：_____

单核时段 2
当前任务：_____
开始时间：_____ 结束时间：_____
任务完成情况：_____

单核时段 3
当前任务：_____
开始时间：_____ 结束时间：_____
任务完成情况：_____

单核时段 4
当前任务：_____
开始时间：_____ 结束时间：_____
任务完成情况：_____

单核时段 5
当前任务：_____
开始时间：_____ 结束时间：_____
任务完成情况：_____

善于时间管理的人，永远找得到活干的时间。

单核工作法 - 实践指南

快捷清单（找出你今日最重要的五项任务）

1. _____
2. _____
3. _____
4. _____
5. _____

☐ ☐ ☐ ☐ ☐

单核时段 1
- 当前任务：
- 开始时间：　　　结束时间：
- 任务完成情况：

单核时段 2
- 当前任务：
- 开始时间：　　　结束时间：
- 任务完成情况：

单核时段 3
- 当前任务：
- 开始时间：　　　结束时间：
- 任务完成情况：

单核时段 4
- 当前任务：
- 开始时间：　　　结束时间：
- 任务完成情况：

单核时段 5
- 当前任务：
- 开始时间：　　　结束时间：
- 任务完成情况：

年　月　日

时间是由分秒汇成的，善于利用零星时间的人，才会做出更大的成绩来。

单核工作法-实践指南

快捷清单（找出你今日最重要的五项任务）

1. _____ ☐
2. _____ ☐
3. _____ ☐
4. _____ ☐
5. _____ ☐

单核时段 1
当前任务：_____
开始时间：____ 结束时间：____
任务完成情况：_____

单核时段 2
当前任务：_____
开始时间：____ 结束时间：____
任务完成情况：_____

单核时段 3
当前任务：_____
开始时间：____ 结束时间：____
任务完成情况：_____

单核时段 4
当前任务：_____
开始时间：____ 结束时间：____
任务完成情况：_____

单核时段 5
当前任务：_____
开始时间：____ 结束时间：____
任务完成情况：_____

今天应做的事没有做，明天早早也是难读了。

年　月　日

审核工作法 - 实践指南

快捷清单（找出你今日最重要的五项任务）

1. _____
2. _____
3. _____
4. _____
5. _____

☐ ☐ ☐ ☐ ☐

审核时段 1
- 当前任务：
- 开始时间：   结束时间：
- 任务完成情况：

审核时段 2
- 当前任务：
- 开始时间：   结束时间：
- 任务完成情况：

审核时段 3
- 当前任务：
- 开始时间：   结束时间：
- 任务完成情况：

审核时段 4
- 当前任务：
- 开始时间：   结束时间：
- 任务完成情况：

审核时段 5
- 当前任务：
- 开始时间：   结束时间：
- 任务完成情况：

年   月   日

一切事有，归根到底都是对时间的占有。